Dr. Jaerock Lee

Czuwaj
i módl się

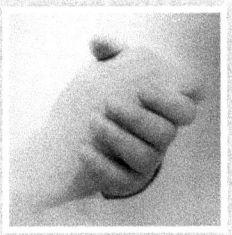

*„I wrócił do uczniów, i zastał ich śpiących,
i mówił do Piotra: Tak to nie mogliście jednej godziny czuwać ze mną?
Czuwajcie i módlcie się, abyście nie popadli w pokuszenie;
duch wprawdzie jest ochotny, ale ciało mdłe"
(Mat. 26,40-41)*

CZUWAJ I MÓDL SIĘ Dr Jaerock Lee
Opublikowano przez Urim Books (Przedstawiciel: Johnny. H. Kim)
235-3, Guro-dong3, Guro-gu, Seul, Korea
www.urimbooks.com

Wszelkie prawa zastrzeżone. Żadna część niniejszej publikacji nie może być reprodukowana, przechowywana jako źródło danych i przekazywana w jakiejkolwiek formie elektronicznej, mechanicznej, kopii, zapisu lub innej, bez uzyskania pisemnej zgody wydawcy.

Copyright © 2010 Dr Jaerock Lee
ISBN: 979-11-263-1085-2 03230
Translation Copyright © 2007 by Dr. Esther K. Chung. Used by permission.

Uprzednio opublikowane w języku koreańskim przez wydawnictwo Urim Books w 1992

Pierwsze wydanie luty 2007

Edycja: Dr. Geumsun Vin
Projekt: Editorial Bureau of Urim Books
Druk: Yewon Printing Company
Aby uzyskać więcej informacji, należy skontaktować się z nami przez urimbook@hotmail.com

Wiadomość dotycząca publikacji

Bóg mówi nam, byśmy stale się modlili. Poucza nas na wiele sposobów, dlaczego powinniśmy stale się modlić i ostrzega nas, byśmy modlili się, aby nie wpaść w pokuszenie.

Tak, jak oddychanie nie jest dla człowieka trudne, jeśli jest zdrowy, tak w duchowym życiu modlitwa jest czymś naturalnym i sprawia, że życie zgodne ze Słowem Bożym nie jest uciążliwe. W zależności od modlitwy, ludzie cieszą się dobrym zdrowiem, a życie układa się w zależności od tego w jakim stanie jest nasza dusza. Dlatego znaczenie modlitwy jest ogromne i nigdy nie powinno być umniejszane. Osoba martwa nie oddycha nozdrzami. Tak samo osoba martwa duchowo nie potrafi oddychać duchowo. Innymi słowy, duch ludzki umarł z powodu grzechu Adama, jednak ci, których duch został odnowiony dzięki działaniu Ducha Świętego nie mogą zaprzestać się modlić tak długo, jak ich duch pozostaje żywy tak, jak my nie możemy przestać oddychać, by zachować życie.

Osoby nowo nawrócone, które niedawno przyjęły Jezusa

Chrystusa są jak niemowlęta. Nie wiedzą, jak się modlić i często uważają modlitwę za coś męczącego. Jednak jeśli polegają na Słowie Bożym i modlą się gorliwie, ich duch wzrasta i stają się silniejsi dzięki usilnym modlitwom. Ci ludzie uświadomią sobie, że nie mogą żyć bez modlitwy tak, jak nie można żyć bez oddychania.

Modlitwa jest nie tylko duchowym oddechem, ale również kanałem dialogu między Bogiem i Jego dziećmi, który zawsze musi pozostać otwarty. Fakt, że w dzisiejszych czasach w wielu przypadkach rodzice i dzieci przestali ze sobą rozmawiać jest źródłem tragedii. Wzajemne zaufanie zostało zniszczone i ich więzi są zaledwie formalnością. Jednakże, nie ma nic, czego nie moglibyśmy powiedzieć Bogu.

Nasz wszechmocny Bóg jest troskliwym Ojcem, który wie i rozumie najlepiej, zwraca na nas swoją uwagę i pragnie z nami rozmawiać. Dlatego dla wszystkich wierzących modlitwa jest kluczem, by pukać i otworzyć drzwi do serca wszechmocnego Boga i bronią, która jest większa niż czas i przestrzeń. Czy nie słyszeliśmy, nie wiedzieliśmy lub nie spotkaliśmy licznych rzesz chrześcijan, których życie zmieniło się lub kierunek historii zmienił się z powodu mocy modlitwy?

Kiedy prosimy w pokorze o pomoc Ducha Świętego w modlitwie, Bóg wypełni nas Duchem Świętym i pomoże zrozumieć Jego wolę i żyć zgodnie z nią, oraz umożliwi nam zwycięstwo nad szatanem i nad światem. Jednakże, kiedy człowiek nie przyjmuje prowadzenia Ducha Świętego, ponieważ się nie modli, będzie polegał na swoim sposobie myślenia i teoriach, żył w fałszu przeciwnie do woli Bożej, i trudno będzie mu otrzymać zbawienie. Dlatego w Liście do Kolosan 4,2 czytamy: „W modlitwie bądźcie wytrwali i czujni z dziękczynienie", natomiast w Ew. Mat. 26,41: „Czuwajcie i módlcie się, abyście nie popadli w pokuszenie; duch wprawdzie jest ochotny, ale ciało mdłe".

Powodem, dla którego jedyny Syn Boży Jezus Chrystus mógł zrealizować swoje dzieło zgodnie z wolą Bożą była moc modlitwy. Zanim rozpoczął publiczną służbę, nasz Pan pościł przez 40 dni i ustanowił przykład życia modlitwy, modląc się zawsze, kiedy miał ku temu możliwość w czasie swojej 31-letniej służby.

Widzimy, że wielu chrześcijan rozpoznaje znaczenie modlitwy, jednak wielu z nich nie otrzymuje odpowiedzi na swoje modlitwy, ponieważ nie wiedzą, jak się modlić zgodnie z wolą Bożą. Kiedy wiedzę lub słyszę o takich ludziach, moje serce jest złamane, jednak cieszę się, że mogę opublikować niniejszą książkę o modlitwie w oparciu o 20 lat służby i doświadczeń.

Mam nadzieję, że ta niewielka książka będzie pomocą dla każdego czytelnika w spotkaniu i doświadczeniu Boga, oraz prowadzeniu życia modlitwy.

Niech każdy czytelnik pozostaje czujny i stale modli się, by cieszyć się dobrym zdrowiem oraz powodzeniem fizycznym i duchowym w imieniu naszego Pana Jezusa!

Jaerock Lee

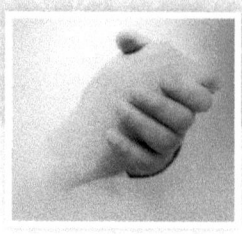

Spis treści

CZUWAJ I MÓDL SIĘ

Wiadomość dotycząca publikacji

Rozdział 1
Proście, Szukajcie i Pukajcie • 1

Rozdział 2
Wierzcie, że otrzymaliście • 21

Rozdział 3
Modlitwa, która jest radością dla Boga • 35

Rozdział 4
Abyście nie popadli w pokuszenie • 57

Rozdział 5
Skuteczna modlitwa sprawiedliwego • 73

Rozdział 6
Wielka moc wspólnej modlitwy • 85

Rozdział 7
Stale się módlcie i nie poddawajcie się • 101

Rozdział 1

Proście, Szukajcie i Pukajcie

„Proście, a będzie wam dane, szukajcie, a znajdziecie;
kołaczcie, a otworzą wam.
Każdy bowiem, kto prosi, otrzymuje,
a kto szuka, znajduje, a kto kołacze, temu otworzą.
Czy jest między wami taki człowiek, który,
gdy go syn będzie prosił o chleb, da mu kamień?
Albo, gdy go będzie prosił o rybę, da mu węża?
Jeśli tedy wy, będąc złymi, potraficie dawać dobre dary
dzieciom swoim,
o ileż więcej Ojciec wasz, który jest w niebie,
da dobre rzeczy tym, którzy go proszą"

(Mat. 7,7-11)

1. Bóg daje dobre dary tym, którzy proszą

Bóg nie chce, by Jego dzieci cierpiały z powodu biedy lub choroby, ale pragnie, by wszystko w ich życiu się układało. Jednakże, jeśli będziemy siedzieć bezczynnie, nie podejmując żadnych wysiłków, nie zbierzemy żadnych plonów. Mimo, że Bóg może dać nam wszystko we wszechświecie, ponieważ wszystko we wszechświecie należy do niego, On pragnie, by Jego dzieci prosiły, szukały i osiągały cele samodzielnie zgodnie ze starym powiedzeniem, że „płaczące dziecko należy nakarmić".

Jeśli jakiś człowiek pragnie osiągnąć wszystko, stojąc w miejscu, niczym nie różni się od rośliny zasadzonej w ogrodzie. Jakże rozczarowani byliby rodzice, gdyby ich dziecko zachowywało się jak bierna roślinka i spędzało całe dnie w łóżku, nie podejmując w swoim życiu żadnych wysiłków? Takie zachowanie jest podobne do lenistwa człowieka, który zmarnował cały swój czas, czekając aż owoc spadnie z drzewa prosto do jego ust.

Bóg pragnie, byśmy stali się mądrymi i wytrwałymi dziećmi, które gorliwie szukają, proszą i pukają, ciesząc się Jego błogosławieństwami i oddając Mu chwałę. To właśnie dlatego zaleca nam, byśmy prosili, szukali i pukali. Żaden rodzic nie da dziecku kamienia, jeśli prosi o chleb. Żaden rodzic nie da dziecku węża, jeśli prosi o rybę. Nawet jeśli rodzic jest zły, pragnie dawać dobre dary swoim dzieciom. Czy nie myślicie, że nasz Bóg, który kocha nas tak bardzo, że oddał za nas swojego jedynego Syna, pragnie dawać dobre dary swoim dzieciom, jeśli Go proszą?

W Ew. Jana 15,16 Jezus mówi: "Nie wy mnie wybraliście, ale Ja was wybrałem i przeznaczyłem was, abyście szli i owoc wydawali i aby owoc wasz był trwały, by to, o cokolwiek byście prosili Ojca w imieniu moim, dał wam". To obietnica wszechmocnego Boga miłości, że kiedy będziemy prosić, szukać i pikać, On otworzy bramy niebios i będzie nam błogosławić, a nawet spełni pragnienia naszego serca.

Na podstawie fragmentu, na którym bazuje niniejszy rozdział, nauczmy się prosić, szukać i pukać oraz otrzymywać od Boga to, o co Go prosimy tak, by było to wielką chwałą dla Niego i wielką radością dla nas.

2. Proście, a będzie wam dane

Bóg mówi ludziom: "Proście, a będzie wam dane" i pragnie, by każdy otrzymał błogosławieństwa, o jakie prosi. Dlaczego więc mówi nam, byśmy prosili?

1) Proście Boga o Jego moc i o to, by ujrzeć Jego oblicze

Po stworzeniu nieba i ziemi oraz wszystkiego co się na nich znajduje, Bóg stworzył człowieka. Pobłogosławił człowieka i powiedział mu, by się rozmnażał i wypełniał ziemię oraz czynił ją sobie poddaną, by władał nad rybami morskimi i ptakami niebieskimi, oraz nad wszystkimi stworzeniami poruszającymi się na ziemi.

Jednakże, kiedy pierwszy człowiek Adam okazał nieposłuszeństwo Słowu Bożemu, stracił błogosławieństwa i ukrył się przed Bogiem, słysząc Jego głos (Ks. Rodz. 3,8). Ponadto, człowiek stał się grzesznikiem i oddalał się od Boga, podążając ścieżką zniszczenia jako niewolnik szatana.

To właśnie dla grzesznika Bóg miłości zesłał na ziemię Swojego Jedynego Syna Jezusa Chrystusa, by go ocalił i otworzył drzwi zbawienia. Każdemu, kto przyjmie Jezusa jako swojego osobistego Zbawiciela i uwierzy w Jego imię, Bóg odpuści wszystkie grzechy i da Ducha Świętego.

Co więcej, wiara w Jezusa Chrystusa prowadzi nas do

zbawienia i umożliwia otrzymanie siły od Boga. Tylko jeśli Bóg da nam siłę i moc, możemy z powodzeniem prowadzić życie duchowe. Innymi słowy, tylko dzięki łasce i mocy z góry, możemy zwyciężyć świat i żyć zgodnie ze Słowem Bożym. Musimy przyjąć Jego moc, by pokonać zło.

W Ps. 105,4 czytamy: „Szukajcie Pana i mocy jego, Szukajcie zawsze oblicza jego!". Nasz Bóg jest „Jestem, który jestem" (Ks. Wyj. 3,14), Stworzycielem nieba i ziemi (Ks. Rodz. 2,4), Panem historii i wszystkiego we wszechświecie od początku na wieki. Bóg jest Słowem i Słowem stworzył wszystko we wszechświecie, dlatego Jego Słowo jest mocą. Ludzkie słowa zmieniają się, nie mają w sobie mocy twórczej i sprawczej. W przeciwieństwie do słowa ludzkiego, które jest fałszywe i zawsze się zmienia, Słowo Boże jest żywe i pełne mocy oraz ma moc twórczą.

Dlatego, bez względu na to, jak bezsilny może być człowiek, jeśli słucha Słowa Bożego, które jest żywe i wierzy bez powątpiewania, może tworzyć nawet coś z niczego. Tworzenie czegoś z niczego jest niemożliwe bez wiary w Słowo Boże. Dlatego Jezus powiedział tym, którzy do Niego przychodzili: „Idź, a jak uwierzyłeś, niech ci się stanie!". Podsumowując, prośba o siłę Bożą jest tym samym, co prośba o to, by dał nam wiarę.

Co oznacza „ciągłe poszukiwanie Jego oblicza"? Tak, jak nie możemy powiedzieć, że znamy kogoś, jeśli nie widzieliśmy jego twarzy, „poszukiwanie Jego oblicza" odnosi się do wysiłku, który wkładamy, by odkryć, kim jest Bóg. Oznacza, że ci, którzy niegdyś unikali Bożego oblicza i słuchania Jego głosu, otwierają swoje serca, szukają i rozumieją Boga i próbują usłyszeć Jego głos. Grzesznik nie jest w stanie podnieść głowy i odwraca twarz od innych. Kiedy otrzyma przebaczenie, będzie mógł unieść głowę i spojrzeć ludziom w oczy.

Wszyscy ludzie są grzesznikami przez nieposłuszeństwo Słowu Bożemu, jednak jeśli otrzymujemy przebaczenie dzięki przyjęciu Jezusa Chrystusa i stajemy się dziećmi Boga, otrzymując Ducha Świętego, możemy zobaczyć Boga, który jest Światłością, ponieważ stajemy się sprawiedliwi dzięki sprawiedliwemu Bogu.

Najistotniejszym powodem, dla którego Bóg mówi ludziom, by „prosili o to, by zobaczyć oblicze Boga" jest to, że pragnie, aby każdy z nas – każdy grzesznik – otrzymał odkupienie i Ducha Świętego, prosząc o to, by ujrzeć oblicze Boga i stać się Jego dzieckiem, które może przebywać z Nim twarzą w twarz. Kiedy człowiek staje się dzieckiem Boga Stworzyciela, otrzyma niebo i wieczne życie oraz szczęście. Nie ma większego błogosławieństwa niż to.

2) Proście o Boże królestwo i sprawiedliwość

Osoba, która otrzymała Ducha Świętego i stała się dzieckiem Boga może prowadzić nowe życie, ponieważ odrodziła się z Ducha. Bóg, który uważa każdą duszę za niezwykle cenną mówi swoim dzieciom, by prosili o wypełnienie Jego królestwa i sprawiedliwości (Mat. 6,33).

Jezus mówi nam w Ew. Mat. 6,25-33:

> *Dlatego powiadam wam: Nie troszczcie się o życie swoje, co będziecie jedli albo co będziecie pili, ani o ciało swoje, czym się przyodziewać będziecie. Czyż życie nie jest czymś więcej niż pokarm, a ciało niż odzienie? Spójrzcie na ptaki niebieskie, że nie sieją ani żną, ani zbierają do gumien, a Ojciec wasz niebieski żywi je; czyż wy nie jesteście daleko zacniejsi niż one? A któż z was, troszcząc się, może dodać do swego wzrostu jeden łokieć? A co do odzienia, czemu się troszczycie? Przypatrzcie się liliom polnym, jak rosną; nie pracują ani przędą. A powiadam wam: Nawet Salomon w całej chwale*

swojej nie był tak przyodziany, jak jedna z nich. Jeśli więc Bóg tak przyodziewa trawę polną, która dziś jest, a jutro będzie w piec wrzucona, czyż nie o wiele więcej was, o małowierni? Nie troszczcie się więc i nie mówcie: Co będziemy jeść? albo: Co będziemy pić? albo: Czym się będziemy przyodziewać? Bo tego wszystkiego poganie szukają; albowiem Ojciec wasz niebieski wie, że tego wszystkiego potrzebujecie. Ale szukajcie najpierw Królestwa Bożego i sprawiedliwości jego, a wszystko inne będzie wam dodane.

Co oznacza "szukanie Bożego królestwa" i „szukanie Jego sprawiedliwości"? Innymi słowy, dlaczego mamy prosić o Boże królestwo i Jego sprawiedliwość?

Dla rodzaju ludzkiego zniewolonego przez szatana i skazanego na zniszczenie, Bóg wysłał Swojego Jedynego Syna i pozwolił Mu umrzeć na krzyżu. Dzięki Jezusowi, Bóg przywrócił nam naszą utraconą władzę i pozwolił nam kroczyć ścieżką do zbawienia. Im więcej mówimy o Jezusie, który umarł i zmartwychwstał, tym bardziej pokonany czuje się szatan. Im więcej mocy szatana zostaje zniszczonej, tym więcej zagubionych dusz otrzyma zbawienie. Im więcej zgubionych dusz otrzyma zbawienie, tym bardziej rozrośnie się Boże królestwo. Dlatego „poszukiwanie królestwa Bożego" odnosi się do modlitw o pracę w celu zbawienia dusz i misji światowej, aby wszyscy ludzie mogli stać się dziećmi Bożymi.

Kiedyś mieszkaliśmy w ciemności i w grzechu, jednak dzięki Jezusowi, otrzymaliśmy moc, by przyjść do Boga, który jest Światłością. Ponieważ Bóg mieszka w dobroci, sprawiedliwości i światłości, nie możemy przyjść do Niego ani stać się Jego dziećmi, jeśli będziemy trwać w grzechu i ciemności.

Dlatego „poszukiwanie Jego sprawiedliwości" odnosi się do modlitw o ożywienie ducha, o obfitowanie duszy i o sprawiedliwość, by żyć zgodnie ze Słowem Bożym. Musimy prosić Boga, by pozwolił nam usłyszeć i być oświeconym Jego Słowem, wyjść z ciemności i grzechu oraz zamieszkać w światłości i stać się w pełni uświęconymi Jego świętością.

Odrzucenie tego, co cielesne zgodnie z pragnieniem Ducha Świętego oraz uświęcenie dzięki życiu w prawdzie stanowią wypełnienie Bożej sprawiedliwości. Co więcej, jeśli prosimy o wypełnienie Bożej sprawiedliwości, będziemy cieszyć się zdrowiem i powodzeniem, ponieważ nasza dusza będzie obfitowała (3 Jana 1,2). Dlatego Bóg nakazuje nam, byśmy najpierw prosili o wypełnienie Bożego królestwa i Jego sprawiedliwości, i obiecuje nam, że wszystko inne będzie nam dodane.

3) Proście o to, by stać się Jego pracownikami i wypełniać obowiązki dane nam przez Boga

Jeśli prosimy o wypełnienie Bożego królestwa i sprawiedliwości, musimy modlić się również o to, by stać się Jego pracownikami. Jeśli już jesteśmy Jego pracownikami, musimy gorliwie modlić się o to, by wypełniać obowiązki dane nam przez Boga. Bóg nagradza tych, którzy gorliwie Go szukają (Hebr. 11,6) i przekaże nagrodę każdemu zgodnie z tym, co czynił (Ap. 22,11).

W Ks. Ap. 2,10 czytamy: „Bądź wierny aż do śmierci, a dam ci koronę żywota". Nawet w tym życiu, jeśli dogłębnie studiujemy, możemy otrzymać stypendium i dostać się na uniwersytet. Kiedy pracujemy ciężko, możemy dostać awans, być lepiej traktowani i otrzymać lepszą pensję.

Tak samo, jeśli Boże dzieci są wierne swoim obowiązkom, otrzymają większe obowiązki i większe nagrody. Nagrody tego świata nie równają się nagrodom królestwa niebieskiego lub chwale. Dlatego, każdy z nas musi wzrastać w wierze i modlić się, by stać się wiernym pracownikiem Bożym.

Jeśli nie otrzymaliśmy żadnych obowiązków od Boga, musimy modlić się o to, by stać się pracownikami dla Jego królestwa. Jeśli ktoś otrzymał obowiązki od Boga, musi modlić się, by wykonywać je właściwie i otrzymać jeszcze więcej obowiązków. Laik musi modlić się, by stać się diakonem, a diakon – by zostać starszym. Przywódca jednostki musi modlić się, by stać się przywódcą podokręgu, a przywódca podokręgu – by stać się przywódcą okręgu. Zaś przywódca okręgu, by wznieść się jeszcze wyżej.

Nie chodzi o to, że mamy prosić o tytuły starszego lub diakona. Chodzi o to, byśmy pragnęli wiernie wykonywać swoje obowiązki, wkładając wysiłki, służąc innym i czynić, co tylko możemy dla Boga.

Najważniejsza dla osoby, która otrzymała od Boga obowiązki jest wierność, dzięki której będzie mogła odpowiednio realizować swoje obowiązki, a nawet otrzymać więcej. Dlatego, musimy modlić się, by Bóg powiedział nam kiedyś: „Dobrze, sługo dobry i wierny".

W 1 Kor. 4,2 czytamy: „A od szafarzy tego się właśnie wymaga, żeby każdy okazał się wierny". Dlatego, każdy z nas musi modlić się, by stać się wiernym pracownikiem Bożym w kościele, ciele Chrystusowym, pełniąc różne stanowiska.

4) Proście o chleb powszedni

Aby odkupić człowieka z jego nędzy, Jezus urodził się w biedzie. Aby uzdrowić człowieka z chorób, Jezus został zabity i przelał swoją krew. Dlatego, dla dzieci Bożych naturalne jest życie w obfitości i zdrowiu oraz powodzenie we wszelkich sprawach.

Kiedy pytamy o realizację Bożego królestwa i sprawiedliwości, On mówi nam, że to wszystko będzie nam dane (Mat. 6,33). Innymi słowy, po tym jak prosimy o wypełnienie Bożego królestwa i sprawiedliwości, modlimy się o rzeczy konieczne do życia na świecie, jak jedzenie, ubranie, schronienie, pracę, błogosławieństwa w pracy, powodzenie naszych rodzin i tak dalej. Bóg da nam to, co obiecał. Pamiętajcie, że jeśli prosimy o różne rzeczy z powodu pożądliwości, a nie dla Jego chwały, Bóg nie odpowie na nasze modlitwy. Modlitwa o grzeszne pożądliwości nie ma nic wspólnego z Bogiem.

3. Szukajcie, a znajdziecie

Jeśli czegoś szukamy to znaczy, że coś zgubiliśmy. Bóg pragnie, by Jego lud miał to, co zagubił. Ponieważ On nakazuje nam szukać, musimy określić, co zgubiliśmy, abyśmy to mogli znaleźć. Musimy również zdecydować, w jaki sposób chcemy to znaleźć.

W takim razie, co straciliśmy i jak możemy to znaleźć?

Pierwszą osobą, jaką stworzył Bóg, była istota składająca się z ducha, duszy i ciała. Jako istota żyjąca, która mogła komunikować się z Bogiem, który jest Duchem, pierwszy człowiek cieszył się wszystkimi błogosławieństwami, które Bóg mu dał i żył zgodnie z Jego słowem.

Z powodu kuszenia szatana pierwszy człowiek okazał nieposłuszeństwo nakazowi Bożemu. W Ks. Rodz. 2,16-17 czytamy: „I dał Pan Bóg człowiekowi taki rozkaz: Z każdego drzewa tego ogrodu możesz jeść, ale z drzewa poznania dobra i zła nie wolno ci jeść, bo gdy tylko zjesz z niego, na pewno umrzesz".

Mimo, że obowiązkiem człowieka jest bać się Boga i zachowywać Jego przykazania (Ks. Koh. 12,13), pierwszy stworzony człowiek nie zdołał zachować Bożych przykazań. W końcu, zgodnie z ostrzeżeniem Boga, kiedy zjadł zakazany owoc z drzewa poznania dobra i zła, jego duch umarł i stał się człowiekiem duszy, który nie mógł już komunikować się z Bogiem. Ponadto, duchy wszystkich jego potomków zmarły i ludzie ci stali się ludźmi ciała, którzy nie mogli wypełniać swoich obowiązków. Adam został wygnany z Ogrodu Eden do przeklętej ziemi. Adam i jego potomkowie musieli żyć w smutku, cierpieniu i chorobach, a pokarm zdobywali z pocie czoła. Co więcej, nie byli w stanie żyć w sposób godny Bożego stworzenia, lecz ubiegali się o bezsensowne rzeczy według swoich myśli i zepsucia.

Aby człowiek, którego duch jest umarły, mógł ponownie zacząć żyć zgodnie z wolą Bożą, godnie dla Bożego stworzenia, musiał odzyskać swojego utraconego ducha. Tylko jeśli martwy duch zostanie ożywiony, człowiek staje się człowiekiem ducha i może komunikować się z Bogiem, który jest Duchem, oraz będzie mógł żyć jak prawdziwe dziecko Boże. Dlatego Bóg pragnie, abyśmy poszukiwali utraconego ducha.

Bóg otworzył dla wszystkich ludzi ścieżkę umożliwiającą ożywienie martwego ducha. To ścieżką jest Jezus Chrystus. Jeśli wierzymy w Jezusa, zgodnie z obietnicą Bożą otrzymamy Ducha Świętego, a Duch Święty zamieszka w nas i ożywi naszego martwego ducha. Kiedy poszukujemy Bożego oblicza i przyjmujemy Jezusa, słysząc jak puka do drzwi naszego serce, Duch Święty przychodzi i sprawia, że nasz duch rodzi się na nowo (Jan 3,6). Jeśli jesteśmy posłuszni Bogu, odrzucamy to, co cielesne, gorliwie słuchamy, przyjmujemy i wykorzystujemy Słowo Boże, modląc się, dzięki Jego pomocy będziemy w stanie żyć zgodnie z Jego słowem. Jest to proces, w którym ożywiony zostaje martwy duch, a człowiek staje się człowiekiem ducha i odzyskuje utracony obraz Boga.

Jeśli chcemy spożyć bardzo odżywcze żółtko jaja, musimy najpierw rozbić skorupkę i usunąć białko. W tej sposób, aby człowiek mógł stać się człowiekiem ducha, jego działania cielesne zostaną odrzucone, a jego duch musi się na nowo narodzić dzięki Duchowi Świętemu. To jest poszukiwanie tego, o czym mówił Bóg.

Przypuśćmy, że wszystkie systemy elektryczne na świecie przestały działać. Żaden ekspert, pracujący w pojedynkę, nie byłby w stanie przywrócić ich do działania. Wymagałoby to wielu elektryków i wyprodukowania potrzebnych części, aby elektryczność została przywrócona na całym świecie.

Podobnie, aby ożywić martwego ducha i stać się człowiekiem ducha, musimy słuchać i poznać Słowo Boże. Jednakże sama znajomość nie wystarczy, dlatego konieczne jest przyjmowania Słowa i modlitwa, abyśmy mogli żyć zgodnie ze Słowem Boga.

4. Pukajcie, a otworzą wam

Drzwi, o który mówi Bóg to drzwi obietnicy, które zostaną

otwarte, jeśli będziemy pukać. Do jakiś drzwi Bóg pragnie, abyśmy pukali? Do drzwi serca naszego Boga.

Zanim my zaczęliśmy pukać do drzwi serca naszego Boga, on pukał do drzwi naszych serc (Ap. 3,20). W konsekwencji, otworzyliśmy drzwi naszych serc i przyjęliśmy Jezusa. Teraz to my powinniśmy pukać do drzwi Jego serca. Ponieważ serce Boże jest większe niż niebiosa i głębsze niż ocean, kiedy pukamy do drzwi Jego serca, możemy otrzymać wszystko, o co prosimy.

Kiedy modlimy się i pukamy do drzwi Bożego serca, On otwiera bramy niebios i zsyła na nas błogosławieństwa. Kiedy Bóg, który otwiera i nie odtrąca nikogo, który zamyka tak, że nikt inny nie może otworzy, otwiera bramy niebios i błogosławi nam, nikt nie jest w stanie stanąć Mu na drodze i przeszkodzić Jego błogosławieństwom (Ap. 3,7).

Możemy otrzymać odpowiedzi od Boga, jeśli pukamy do drzwi Jego serca. W zależności od intensywności pukania, człowiek może otrzymać wielkie lub małe błogosławieństwa. Kiedy człowiek pragnie otrzymać wielkie błogosławieństwa, bramy niebios muszą zostać szeroko otwarte. Dlatego, musi pukać do Bożego serca stale i gorliwie.

Ponieważ Bóg raduje się, kiedy odrzucamy zło i żyjemy zgodnie z Jego przykazaniami w prawdziwe, jeśli żyjemy zgodnie z Jego słowem, możemy otrzymać wszystko, o co prosimy.

Innymi słowy, pukanie do drzwi Bożego serca odnosi się do życia zgodnie z Jego przykazaniami.

Kiedy gorliwie pukamy do serca Bożego, Bóg nigdy nas nie odrzuci ani nie powie: „Dlaczego tak głośno pukasz?". Jest zupełnie odwrotnie. Bóg będzie uradowany, ponieważ pragnie dać nam to, o co prosimy. Dlatego, mam nadzieję, że będziemy pukać do drzwi Bożego serca, otrzymamy to, o co prosimy i będziemy oddawać wielką chwałę Bogu.

Czy upolowaliście kiedyś ptaka przy użyciu procy? Pamiętam, jak kiedyś przyjaciel mojego taty mówił mi, jak powinienem zrobić procę. Proca to urządzenie zrobione z kawałka drewna w kształcie litery 'Y' i gumy, przy użyciu którego można strzelać kamieniami.

Jeśli mielibyśmy porównać to, co zostało zapisane w Ew. Mat. 7,7-11 do procy, „proszenie" odnosi się do znalezienia procy i kamienia, przy użyciu których możemy upolować ptaka. Na co przydałaby się wam dobra proca i kamień, gdybyście nigdy nie strzelili? Możemy zbudować podstawę, zapoznać się z procą, ćwiczyć i określić oraz zrozumieć najlepsze metody, by upolować ptaka. Ten proces byłby szukaniem. Czytając i przyjmując Słowo Boże, dzieci Boże wyposażają się do tego, by otrzymać Jego odpowiedzi.

Jeśli wyposażyliście się w możliwość obsługi procy i umiecie dobrze strzelać, musicie rzeczywiście strzelić, i to możemy porównać do „pukania". Nawet jeśli proca i kamień są przygotowane i macie umiejętności, by strzelić, ale jednak nie strzelicie, nie uda wam się upolować ptaka. Innymi słowy, tylko jeśli żyjemy zgodnie ze Słowem Bożym, które jest pokarmem dla naszego serca, możemy otrzymać to, o co prosimy.

Proszenie, poszukiwanie i pukanie nie są oddzielnymi procesami, ale uzupełniającymi się procedurami. Wiecie, o co chcecie prosić, czego szukać i po co pukać. Oddawajcie wielką chwałę Bogu jako Jego błogosławione dzieci, które otrzymują odpowiedzi na pragnienia swojego serca dzięki gorliwemu proszeniu, poszukiwaniu i pukaniu w imieniu Pana Jezusa!

Rozdział 2

Wierzcie, że otrzymaliście

Zaprawdę powiadam wam: Ktokolwiek by rzekł tej górze:
Wznieś się i rzuć się w morze, a nie wątpiłby w sercu swoim,
lecz wierzył, że stanie się to, co mówi, spełni mu się.
Dlatego powiadam wam:
Wszystko, o cokolwiek byście się modlili i prosili,
tylko wierzcie, że otrzymacie, a spełni się wam.

(Mar. 11,23-24)

1. Wielka moc wiary

Pewnego dnia uczniowie Jezusa, podążając za Nauczycielem, usłyszeli jak mówi do drzewa figowego: "Niechaj się już nigdy z ciebie owoc nie rodzi na wieki". Kiedy uczniowie zobaczyli, że drzewo uschło, byli zaskoczeni i zapytali o to Jezusa. Na co On odpowiedział: „Zaprawdę powiadam wam, jeślibyście mieli wiarę i nie wątpili, nie tylko to, co się stało z drzewem figowym, uczynicie, ale gdybyście i tej górze rzekli: Wznieś się i rzuć do morza, stanie się tak" (Mat. 21,21).

Jezus obiecał również: "Zaprawdę, zaprawdę, powiadam wam: Kto wierzy we mnie, ten także dokonywać będzie uczynków, które Ja czynię, i większe nad te czynić będzie; bo Ja idę do Ojca. I o cokolwiek prosić będziecie w imieniu moim, to uczynię, aby Ojciec był uwielbiony w Synu. Jeśli o co prosić będziecie w imieniu moim, spełnię to" (Jan 14,12-14) oraz „Jeśli we mnie trwać będziecie i słowa moje w was trwać będą, proście o cokolwiek byście chcieli, stanie się wam. Przez to uwielbiony będzie Ojciec mój, jeśli obfity owoc wydacie i staniecie się moimi uczniami" (Jan 15,7-8).

Krótko mówiąc, ponieważ Bóg Stworzyciel jest Ojcem tych,

którzy przyjęli Jezusa, ich pragnienia serca zostaną wysłuchane, jeśli uwierzą w Jego Słowo i będą Mu posłuszne. W Ew. Mat. 17,20 Jezus mówi: „Dla niedowiarstwa waszego. Bo zaprawdę powiadam wam, gdybyście mieli wiarę jak ziarnko gorczycy, to powiedzielibyście tej górze: Przenieś się stąd tam, a przeniesie się, i nic niemożliwego dla was nie będzie". Dlaczego więc tak wielu ludzi nie otrzymuje odpowiedzi na swoje modlitwy pomimo oddawania Mu chwały i wielu godzin spędzonych na kolanach? Przyjrzyjmy się, w jaki sposób możemy oddawać chwałę Bogu i otrzymać to, o co prosimy.

2. Uwierzcie we wszechmocnego Boga

Aby człowiek mógł zachować życie od chwili narodzin, potrzebuje koniecznych rzeczy, jak pokarm, odzienie, schronienie i tym podobne. Jednak najbardziej istotnym elementem jest oddychanie, które umożliwia życie i czyni je celowym. Dzieci Boże, które przyjęły Jezusa i narodziły się na nowo również potrzebują tego wszystkiego, jednakże najważniejsza w ich życiu jego modlitwa.

Modlitwa jest dialogiem z Bogiem, który jest Duchem, jest

oddechem naszego ducha. Co więcej, ponieważ modlitwa jest sposobem proszenia Boga oraz otrzymywania Jego odpowiedzi, najważniejszym aspektem modlitwy jest serce, które wierzy we wszechmocnego Boga. W zależności od stopnia wiary w Boga, człowiek będzie odczuwał pewność otrzymania Jego odpowiedzi i otrzyma odpowiedzi według swej wiary.

Kim jest ten Bóg, w którym mamy pokładać naszą wiarę?
Bóg opisuje siebie w Ks. Ap. 1,8: „Jam jest alfa i omega (początek i koniec), mówi Pan, Bóg, Ten, który jest i który był, i który ma przyjść, Wszechmogący". Bóg w Starym Testamencie jest Stworzycielem wszystkiego we wszechświecie (Ks. Rodz. 1,1-31), który rozdzielił Morze Czerwone i pozwolił Izraelowi przejść (Ks. Wyj. 14,21-29). Kiedy Izrael był posłuszny nakazom Bożym i maszerował wokół Jerycha przez siedem dni, mury Jerycha, które wydawały się nie do zdobycia, upadły (Joz. 6,1-21). Kiedy Jozue modlił się do Boga podczas bitwy z Amorejczykami, Bóg zatrzymał słońce i księżyc (Joz. 10,12-14).

W Nowym Testamencie, Jezus Syn Boży wzbudzał z martwych (Jan 11,17-44), uzdrawiał chorych (Mat. 4,23-24), otwierał oczy ślepych (Jan 9,6-11) i pozwalał chromym chodzić (Dz. Ap. 3,1-10). Wypędzał moce złych duchów swoim słowem

(Mar. 5,1-20), a pięcioma chlebkami i dwiema rybami nakarmił 5 tysięcy ludzi (Mar. 6,34-44). Ponadto, uspokajał wiatr i fale, pokazując, że jego Władcą wszystkiego we wszechświecie (Mar. 4,35-39).

Dlatego, musimy wierzyć we wszechmocnego Boga, które daje nam swoje dary w miłości. Jezus powiedział nam w Mat. 7,9-11: „Czy jest między wami taki człowiek, który, gdy go syn będzie prosił o chleb, da mu kamień? Albo, gdy go będzie prosił o rybę, da mu węża? Jeśli tedy wy, będąc złymi, potraficie dawać dobre dary dzieciom swoim, o ileż więcej Ojciec wasz, który jest w niebie, da dobre rzeczy tym, którzy go proszą". Bóg miłości pragnie dawać swoim dzieciom najlepsze dary.

W swojej miłości Bóg dał Swojego jedynego Syna. Cóż więcej mógłby nam dać?

W Iz. 53,5-6 czytamy: „Lecz on zraniony jest za występki nasze, starty za winy nasze. Ukarany został dla naszego zbawienia, a jego ranami jesteśmy uleczeni. Wszyscy jak owce zbłądziliśmy, każdy z nas na własną drogę zboczył, a Pan jego dotknął karą za winę nas wszystkich". Poprzez Jezusa Bóg daje nam życie, pokój oraz uzdrowienie.

Jeśli Boże dzieci służą wszechmocnemu i żyjącemu Bogu jak

swojemu Ojcu i wierzą, że Bóg czyni dla nich wszystko ku dobremu, że kocha ich i odpowiada na ich wołanie, nie muszą martwić się ani troszczyć w czasach pokusy i trudów, lecz mogą być wdzięczni, radować się i modlić.

To właśnie oznacza wierzyć w Boga i On raduje się, widząc, kiedy okazujemy naszą wiarę. Bóg odpowiada nam zgodnie z naszą wiarą i pokazuje nam dowody swojego istnienia. Bóg pozwala nam oddawać Mu cześć.

3. Proście w wierze i nie wątpcie

Bóg Stworzyciel nieba, ziemi i ludzkości, dał człowiekowi Biblię, aby Jego opatrzność była mu znana. Zawsze Bóg pokazywał siebie tym, którzy wierzyli Mu i byli posłuszni Jego słowu. Udowadnia nam, że jest Bogiem żywym i wszechmocnym, czyniąc znaki i cuda.

Możemy wierzyć w żyjącego Boga, patrząc choćby na stworzenie (Rzym. 1,20) i oddając Mu chwałę, otrzymując odpowiedzi na modlitwy zanoszone do Niego w wierze.

Jest wiara cielesna, dzięki której możemy wierzyć, ponieważ

nasza wiedza i myśli są zbieżne ze Słowem Bożym oraz wiara duchowa, czyli wiara, dzięki której możemy otrzymywać od Niego odpowiedzi. Podczas gdy to, co mówi nam Bóg jest nieprawdopodobne według ludzkiej wiedzy i myśli, kiedy prosimy Go z wiarą, On daje nam więcej wiary i poczucie pewności. Niniejsze elementy przeradzają się w odpowiedź, a to jest wiara duchowa.

Dlatego w Jak. 1,6-8 czytamy: „Ale niech prosi z wiarą, bez powątpiewania; kto bowiem wątpi, podobny jest do fali morskiej, przez wiatr tu i tam miotanej. Przeto niechaj nie mniema taki człowiek, że coś od Pana otrzyma, człowiek o rozdwojonej duszy, chwiejny w całym swoim postępowaniu".

Wątpliwości wynikają z ludzkie wiedzy, myśli, argumentów i pretensji, i pojawiają się z powodu działania naszego wroga diabła. Wątpiące serce jest chwiejne i przebiegłe, a tego najbardziej nienawidzi Bóg. Jakże tragiczne byłoby, gdyby wasze dzieci nie wierzyły w to, że jesteście ich biologicznymi rodzicami? Tak samo, jak Bóg może odpowiedzieć na nasze modlitwy, jeśli nie wierzymy w Niego jako w swojego Ojca, mimo że nas stworzył i opiekuje się nami?

Dlatego Bóg przypomina nam: „Dlatego zamysł ciała jest wrogi Bogu; nie poddaje się bowiem zakonowi Bożemu, bo też nie może. Ci zaś, którzy są w ciele, Bogu podobać się nie mogą" (Rzym. 8,7-8) i zachęca nas: „unicestwiamy złe zamysły i wszelką pychę, podnoszącą się przeciw poznaniu Boga, i zmuszamy wszelką myśl do poddania się w posłuszeństwo Chrystusowi" (2 Kor. 10,5).

Jeśli nasza wiara zostanie przemieniona w wiarę duchową i nie mamy już wątpliwości, Bóg raduje się i da nam wszystko, o co prosimy. Mojżesz ani Jozue nie wątpili, lecz działali w wierze, dzięki temu Morze Czerwone rozdzieliło się, Izrael mógł przejść przez Jordan, a mury Jerycha upadły. Tak samo, jeśli powiemy do góry: „Podnieś się i rzuć się do morze" i nie będziemy w to wątpić, lecz wierzyć w to, co mówimy, stanie się nam.

Przypuśćmy, że powiemy do góry Mount Everest: „Rzuć się do Oceanu Indyjskiego". Czy otrzymamy odpowiedź na modlitwę? To oczywiste, że na świecie zapanowałby chaos, gdyby to się rzeczywiście stało. Dlatego nie stanie się tak ani nie jest to wolą Bożą, dlatego taka modlitwa nie zostanie wysłuchana bez względu na to, jak dużo się modlimy, ponieważ Bóg nie da nam duchowej wiary, byśmy w Niego uwierzyli.

Jeśli modlimy się, by zrealizować coś co jest sprzeczne z wolą Bożą, nie otrzymamy wiary dzięki której coś takiego mogłoby się stać. Na początku może się nam wydawać, że nasza modlitwa może zostać wysłuchana, jednak z czasem, pojawią się wątpliwości. Tylko jeśli modlimy się i prosimy zgodnie z wolą Bożą bez wątpliwości, możemy otrzymać Jego odpowiedź. Dlatego, jeśli nasze modlitwa nie została wysłuchana, musimy uświadomić sobie, że wynika to z faktu, iż prosimy o coś, co nie jest zgodne z wolą Bożą lub że naszą winą są wątpliwości.

W 1 Jana 3,21-22 czytamy: „Umiłowani, jeżeli nas serce nie oskarża, możemy śmiało stanąć przed Bogiem i otrzymamy od niego, o cokolwiek prosić będziemy, gdyż przykazań jego przestrzegamy i czynimy to, co miłe jest przed obliczem jego".
Ludzie, którzy są posłuszni przykazaniom Bożym i czynią to, co sprawia Mu radość, nie proszą o rzeczy, które byłyby sprzeczne z Jego wolą. Możemy otrzymać wszystko, o co prosimy, jeśli jest to zgodne z wolą Bożą. Bóg mówi nam: „Dlatego powiadam wam: Wszystko, o cokolwiek byście się modlili i prosili, tylko wierzcie, że otrzymacie, a spełni się wam".

Dlatego, by otrzymać Bożą odpowiedź, musimy najpierw otrzymać od Niego duchową wiarę, którą daje nam, jeśli żyjemy zgodnie z Jego słowem. Jeśli zniszczymy argumenty i spekulacje sprzeczne z wolą Bożą, otrzymamy wszystko, o co prosimy.

4. Wszystko, o cokolwiek byście się modlili i prosili, tylko wierzcie, że otrzymacie, a spełni się wam

W Ks. Liczb 23,19 czytamy: „Bóg nie jest człowiekiem, aby nie dotrzymał słowa Ani synem człowieczym, aby żałował. Czy On powiada, a nie czyni, I mówi, a nie spełnia?".

Jeśli prawdziwie wierzycie w Boga, proście w wierze i nie wątpcie. Musicie wierzyć, że otrzymacie wszystko, o co prosicie i o co się modlicie. Bóg jest wszechmocny i wierny. Obiecuje, że odpowie na nasze modlitwy.

Dlaczego więc tak wielu ludzi nie otrzymuje odpowiedzi na modlitwy, mimo że modlą się w wierze? Czy dlatego, że Bóg ich nie wysłuchuje? Nie. Bóg z pewnością ich wysłuchuje, jednak czasami potrzeba czasu, by mogli się przygotować, by być naczyniami godnymi otrzymania odpowiedzi na swoje modlitwy.

Kiedy rolnik sieje nasiona, wierzy, że pojawią się owoce, jednak nie może ich zebrać natychmiast. Kiedy ziarna zostają posiane, kiełkują, kwitną i wtedy pojawiają się owoce. Niektóre nasiona potrzebują więcej czasu niż inne. Podobnie, proces otrzymania odpowiedzi od Boga wymaga siania i pielęgnacji.

Przypuśćmy, że jakiś student modlił się: „Pozwól mi dostać się na Harward". Jeśli modli się, wierząc w Jego moc, Bóg z pewnością odpowie na modlitwę studenta. Jednakże, odpowiedź na modlitwę może nie przyjść od razu. Bóg przygotowuje studenta, by wzrastał jako naczynie odpowiednie, by przyjąć Jego odpowiedź i w końcu odpowiada na jego modlitwę. Bóg da mu chęci, by uczył się gorliwie tak, by mógł dostać się na studia. Kiedy student się modli, Bóg może usuwać z jego umysłu światowe myśli i da mu mądrość, by studiował jeszcze skuteczniej. Według uczynków studenta, Bóg może zarządzać jego sprawami, by mu się powodziło i wyposaży studenta w to, czego potrzebuje, by dostać się na Harward, a kiedy nadejdzie czas, Bóg pozwoli mu dostać się na wymarzone studia.

Taka sama zasada ma zastosowanie w przypadku ludzi, którzy cierpią z powodu choroby. Kiedy dowiadują się dzięki Słowu Bożemu, dlaczego choroby się pojawiają i w jaki sposób mogą zostać uzdrowieni i kiedy modlą się z wiarą, mogą otrzymać uzdrowienie. Muszą zauważyć ścianę grzechu, która oddziela ich od Boga i zrozumieć źródło choroby. Jeśli choroba wynika z nienawiści, muszą odrzucić nienawiść i przemienić swoje serca tak, by wypełniły się miłością. Jeśli choroba wynika z przejadania się, muszą przyjąć od Boga moc, by być w stanie kontrolować samych siebie i zrezygnować ze swoich szkodliwych nawyków. Tylko w ten sposób, Bóg da ludziom wiarę, dzięki której będą mogli uwierzyć i przygotować się tak, by być odpowiednimi naczyniami, by przyjmować Jego odpowiedzi.

Modlitwa o obfitość w działalności gospodarczej nie różni się od powyższych sytuacji. Jeśli modlimy się o powodzenie w interesach, Bóg najpierw musi sprawdzić, czy jesteśmy naczyniami godnymi Jego błogosławieństw. Da nam mądrość i moc, byśmy potrafili prowadzić działalność, która będzie się wyróżniać, rozwijać tak, byśmy byli w doskonałej sytuacji, by prowadzić biznes. Poprowadzi nas do ludzi godnych zaufania, będzie zwiększać nasze przychody i dbać o nasze interesy. Kiedy nadejdzie odpowiedni czas, odpowie na nasze modlitwy.

W procesie siania i pielęgnacji, Bóg prowadzi naszą duszę ku obfitości, sprawdza nas, byśmy stali się naczyniami godnymi, by przyjąć odpowiedzi na nasze modlitwy. Dlatego, nie możemy się niecierpliwić. Musimy dostosować się do Bożego planu, wierząc, że otrzymamy Jego odpowiedź.

Wszechmocny Bóg, zgodnie z prawem duchowej rzeczywistości, odpowiada swoim dzieciom w sprawiedliwości i raduje się, że proszą Go z wiarą. W Hebr. 11,6 czytamy: „Bez wiary zaś nie można podobać się Bogu; kto bowiem przystępuje do Boga, musi uwierzyć, że On istnieje i że nagradza tych, którzy go szukają".

Obyśmy sprawiali Bogu radość wiarą, dzięki której uwierzymy, że otrzymamy odpowiedź na wszystko, o co prosimy w modlitwie i oddawali chwałę Bogu, przyjmując wszystko, o co prosimy w imieniu Pana Jezusa!

Rozdział 3

Modlitwa, która jest radością dla Boga

I wyszedłszy, udał się według zwyczaju na Górę Oliwną;
poszli też z nim uczniowie.
A gdy przyszedł na miejsce, rzekł do nich:
Módlcie się, aby nie popaść w pokuszenie.
A sam oddalił się od nich, jakby na rzut kamienia,
i padłszy na kolana, modlił się, mówiąc:
Ojcze, jeśli chcesz, oddal ten kielich ode mnie;
wszakże nie moja, lecz twoja wola niech się stanie.
A ukazał mu się anioł z nieba, umacniający go.
I w śmiertelnym boju jeszcze gorliwiej się modlił;
i był pot jego jak krople krwi, spływające na ziemię

(Łuk. 22,39-44)

1. Jezus pokazał przykład właściwej modlitwy

W Ew. Łuk. 22,39-44 zawarty jest opis sceny, w której Jezus znajduje się w Ogrodzie Getsemane w nocy przed Jego ukrzyżowaniem, kiedy to otworzył ludzkości drogę do zbawienia. Wersety te ukazują nam wiele aspektów nastawienia, jakie powinniśmy mieć, modląc się.

Jak modlił się Jezus, że udało mu się nieść ciężki krzyż i pokonać szatana? Jakie nastawienie miał Jezus, modląc się do Boga tak, że Bóg był zadowolony i wysłał swoich aniołów, by Go wzmocnili?

W oparciu o te wersety, przyjrzyjmy się właściwemu nastawieniu w modlitwie oraz rodzajowi modlitwy, która sprawia Bogu przyjemność i zachęca nas, byśmy zastanowili się nad naszym życiem modlitwy.

1) Modlitwa była dla Jezusa nawykiem

Bóg powiedział nam, byśmy modlili się nieustannie (1 Tes. 5,17) i obiecał nam, że da nam wszystko, o cokolwiek będziemy prosić (Mat. 7,7). Mimo, że nieustanna modlitwa jest czymś właściwym, większość ludzi modli się tylko, kiedy czegoś potrzebują albo mają jakiś problem.

Jezus modlił się, bo było to Jego nawykiem. Modlił się na

Górze Oliwnej (Łuk. 22,39). Prorok Daniel modlił się trzy razy dziennie, oddając chwałę Bogu tak jak zawsze (Dan. 6,10) Uczniowie Jezusa Piotr i Jan wydzielili czas w ciągu dnia, by się modlić (Dz. Ap. 3,1).

Musimy postępować zgodnie z przykładem Jezusa i rozwijać nasz nawyk modlitwy, wydzielając szczególny czas na modlitwę każdego dnia. Bóg odnajduje radość, kiedy ludzie znajdują czas o poranku, by poświęcić Mu cały dzień oraz w nocnych modlitwach, by podziękować za Jego ochronę w ciągu dnia. Dzięki takim modlitwom możemy otrzymać wielką moc.

2) Jezus modlił się, klęcząc

Kiedy klęczymy, serce zwraca się do Boga i okazujemy Mu cześć. To naturalne, by uklęknąć, kiedy chcemy się modlić.

Jezus Syn Boży modlił się w pokorze, klęcząc przed wszechmocnym Bogiem. Król Salomon (1 Król. 8,54), apostoł Paweł (Dz. Ap. 20,36), Szczepan, który umarł śmiercią męczeńską klęczeli, kiedy się modlili.

Kiedy prosimy rodziców lub kogoś, kto ma władzę o przysługę lub coś, czego pragniemy, stajemy się nerwowi i staramy się, by nie popełnić żadnego błędu. W jaki sposób w takim razie powinniśmy przychodzić przed oblicze Boga

Stworzyciela? Klękanie wyraża pokorę, oddanie czci i zaufanie do Jego mocy. Musimy przygotować się i uklęknąć w pokorze, kiedy się modlimy.

3) Modlitwa Jezusa była zgodna z wolą Bożą

Jezus modlił się do Boga: „Wszakże nie moja, lecz twoja wola niech się stanie" (Łuk. 22,42). Jezus Syn Boży przyszedł na ziemię, by umrzeć na drewnianym krzyżu mimo to, że był bez winy i bez skazy. Dlatego modlił się: „Ojcze, jeśli chcesz, oddal ten kielich ode mnie". Jednak znał wolę Bożą, by ocalić rodzaj ludzki przez jedną osobę i modlił się nie o swoje dobro, ale o wolę Bożą.

W 1 Kor. 10,31 czytamy: "Czy jecie, czy pijecie, czy cokolwiek czynicie, wszystko czyńcie na chwałę Bożą". Jeśli prosimy o coś, co nie jest ku chwale Bożej, ale raczej ku naszym pożądliwym pragnieniom, nie prosimy właściwe; musimy modlić się tylko o to, co jest zgodne z wolą Bożą. Co więcej, Bóg mówi nam, byśmy pamiętali o tym, o czym czytamy w Jak. 4,2-3: „Pożądacie, a nie macie; zabijacie i zazdrościcie, a nie możecie osiągnąć; walczycie i spory prowadzicie. Nie macie, bo nie prosicie. Prosicie, a nie otrzymujecie, dlatego że źle prosicie, zamyślając to zużyć na zaspokojenie swoich namiętności". Musimy spojrzeć w przeszłość i sprawdzić, czy nie modlimy się tylko o własne dobro.

4) Jezus walczył w modlitwie

W Ew. Łuk. 22,44 czytamy o tym, jak Jezus gorliwie się modlił: „I w śmiertelnym boju jeszcze gorliwiej się modlił; i był pot jego jak krople krwi, spływające na ziemię".

Klimat Getsemane, gdzie modlił się Jezus, ochładzał się nocą tak, że trudno byłoby się spocić w normalnych warunkach. Dlatego wyobraźcie sobie, jak bardzo musiał zmagać się Jezus w gorliwej modlitwie, że jego pot stał się jak krople krwi i spadał na ziemię. Gdyby Jezus modlił się po cichu, czy modliłby się tak gorliwie, że pociłby się podczas modlitwy? Kiedy Jezus wołał do Boga, Jego pot stał się jak krople krwi i spadał na ziemię.

W Ks. Rodz. 3,17 Bóg mówi do Adama: „Ponieważ usłuchałeś głosu żony swojej i jadłeś z drzewa, z którego ci zabroniłem, mówiąc: Nie wolno ci jeść z niego, przeklęta niech będzie ziemia z powodu ciebie! W mozole żywić się będziesz z niej po wszystkie dni życia swego!". Przed tym, jak człowiek został przeklęty, prowadził życie w obfitości, a Bóg troszczył się o wszystko. Kiedy w wyniki nieposłuszeństwa Bogu pojawił się grzech, ludzka więź z Bogiem Stworzycielem skończyła się i pozostały tylko ból i ciężka praca, by zdobyć pożywienie.

Jeśli to co dla nas możliwe, może zostać osiągnięte tylko przez bolesny trud, co mamy zrobić, jeśli chcemy prosić Boga o coś, czego nie możemy zrobić? Proszę pamiętać, że tylko wołając do Boga w modlitwie, w bolesnym trudzie i pocie możemy otrzymać to, czego pragniemy od Boga. Co więcej, pamiętajcie o tym, że Bóg powiedział nam, że trud i wysiłki są konieczne, by wydać owoc oraz dał nam przykład Jezusa, który gorliwie się modlił. Pamiętajcie o tym, czyńcie to, co Jezus i módlcie się tak, by dawać radość Bogu.

Przyjrzeliśmy się, jak modlił się Jezus, który jest przykładem właściwej modlitwy. Jeśli Jezus, który posiadał całą władzę, modlił się tak, że może być dla nas przykładem, jakie powinno być nasze nastawienie jako stworzeń, kiedy się modlimy? Wygląd zewnętrzny oraz nastawienie podczas modlitwy są wyrazem naszego serca. Dlatego, nasze serce jest równie ważne, jak nastawienie, z jakim się modlimy.

2. Konieczne element modlitwy, która sprawia radość Bogu

Jakie powinno być nasze serce, kiedy się modlimy, jeśli chcemy sprawić radość Bogu i otrzymać od Niego odpowiedź na naszą modlitwę?

1) Musimy modlić się z całego serca

Dzięki Jezusowi nauczyliśmy się modlitwy wypływającej z głębi serca, nastawienia, z jakim modlił się do Boga. Nastawienie wyraźnie okazuje, jakie jest serce człowieka.

Przyjrzyjmy się modlitwie Jakuba opisane w Ks. Rodz. 32. Przed Jakubem znajdował się Potok Jabbok, więc Jakub znalazł się w naprawdę kłopotliwym położeniu. Nie mógł zawrócić, ponieważ dobił targu z Labanem, że nie przekroczy granicy Gileadu. Nie mógł przeprawić się przez Jabbok, ponieważ po drugiej stronie Ezaw czekał na niego z 400 uzbrojonymi ludźmi. W tak trudnej chwili, duma i ego Jakuba, na który polegał przez wiele lat, zostały całkowicie zniszczone. Jakub w końcu uświadomił sobie, że tylko jeśli poświęci wszystko, co ma Bogu, jego problemy zostaną rozwiązane. Jakub zmagał się w modlitwie tak długo, że złamał sobie staw biodrowy, lecz w końcu otrzymał Bożą odpowiedź. Jakubowi udało się poruszyć serce Boże i pojednać się ze swoim bratem.

Przyjrzyjmy się dokładnie 1 Król. 18, gdzie prorok Eliasz otrzymał odpowiedź od Boga i oddał Mu chwałę. W czasie panowania króla Achaba, w Izraelu panoszyło się bałwochwalstwo. Eliaszowi udało się pokonać 450 proroków

Baala, ponieważ przed całym Izraelem otrzymał odpowiedź od Pana tak, że cały lud mógł być świadkiem żyjącego Boga.

Achab obwiniał proroka Eliasza za 3,5-letni głód, który dotknął Izraela i szukał proroka. Jednakże, kiedy Bóg nakazał Eliaszowi udać się przed oblicze króla, prorok spiesznie posłuchał. Kiedy prorok udał się do króla, który chciał go zabić, odważnie przekazał to, co powiedział mu Bóg i odwrócił sytuację dzięki modlitwie wiary bez ani jednej wątpliwości, dzięki pokorze, którą okazali ludzie, którzy wcześniej czcili bożki, a teraz powrócili do Boga. Co więcej, Eliasz przykucnął na ziemi, pochylił głowę i gorliwie się modlił, by Bóg zadziałał i zakończył głód, który wywołał wiele cierpienia w Izraelu przez 3,5 roku (1 Król. 18,42).

Bóg przypomina nam w Ezech. 36,36-37: „I poznają narody, które wokoło nas pozostały, że Ja, Pan, odbudowałem to, co było zburzone, zasadziłem to, co było spustoszone; Ja, Pan, powiedziałem to i uczynię. Tak mówi Wszechmocny Pan: Oto jeszcze dam się uprosić domowi izraelskiemu, aby im uczynić: Pomnożę u nich liczbę ludzi jak owiec". Innymi słowy, mimo że Bóg obiecał Eliaszowi deszcz w Izraelu, deszcz nie spadłby gdyby nie gorliwe modlitwy Eliasza. Modlitwa z serca może poruszyć Boga i zrobić na Nim wrażenie, a On odpowie na modlitwy i pozwoli nam oddać Mu chwałę.

2) Musimy wołać do Boga w modlitwie

Bóg obiecuje nam, że wysłucha nas i spotka się z nami, kiedy będziemy Go wołać, przychodzić do Niego i modlić się, szukając Go z całego serca (Jer. 29,12-13; Przysł. 8,17). W Ks. Jer. 33,3 obiecuje nam: "Wołaj do mnie, a odpowiem ci i oznajmię ci rzeczy wielkie i niedostępne, o których nie wiesz!". Powodem, dla którego Bóg zachęca nas, byśmy do Niego wołali w modlitwie jest to, że kiedy wołamy do Niego w modlitwie, będziemy mogli modlić się z całego serca. Innymi słowy, kiedy wołamy do Boga w modlitwie, zostajemy uwolnieni od światowych myśli, zmęczenia i ospałości. W naszym umyśle nie będzie miejsca na nasze własne myśli.

A jednak wiele kościołów dzisiaj wierzy i naucza, że cisza w świątyniach i kościołach jest „Boża" i „święta". Kiedy bracia wołają do Boga donośnym głosem, reszta zgromadzenia często ocenia ich, że nie zachowują się właściwie i potępia ich jak heretyków. Jednak tego rodzaju zachowanie wynika z braku znajomości Bożego słowa i Jego woli.

Wczesne kościoły, które były świadkami wielkich dzieł Bożej mocy i ożywienia, mogły sprawiać Bogu radość w pełni Ducha

Świętego, ponieważ wznosili swoje głosy do Boga w wołaniu (Dz. Ap. 4,24). Nawet dzisiaj, możemy obserwować niezliczone cudowne dzieła i znaki, oraz to jaki mają wpływ na ożywienie w kościołach, które wołają do Boga donośnym głosem i żyją zgodnie z Jego wolą.

„Wołanie do Boga" odnosi się do modlitwy do Boga – gorliwej modlitwy zanoszonej do Boga donośnym głosem. Poprzez taką modlitwę, bracia i siostry w Chrystusie mogą zostać wypełnieni Duchem Świętym i ponieważ złe moce wroga szatana zostają odegnane, mogą otrzymać odpowiedzi na modlitwy i dary duchowe.

Biblia przedstawia wiele przykładów, w których Jezus oraz wielu praojców wiary wołało do Boga podniesionym głosem i otrzymało odpowiedzi.

Przyjrzyjmy się kilku przykładom ze Starego Testamentu.

W Ks. Wyj. 15,22-25 opisana jest scena, w której Izraelici po wyjściu z Egiptu, bezpiecznie przeszli przez Morze Czerwone, które rozdzieliło się przed nimi dzięki wierze Mojżesza. Ponieważ wiara Izraelitów była mała, narzekali na Mojżesza, kiedy nie mogli znaleźć wody do picia, wędrując przez pustynię. Kiedy Mojżesz wołał do Boga, gorzka woda w Mara zamieniła się w słodką.

W Ks. Liczb 12 opisana jest scena, kiedy siostra Mojżesza Miriam została dotknięta trądem, ponieważ mówiła słowa przeciwko Mojżeszowi. Kiedy Mojżesz wołał do Boga o jej uzdrowienie, Bóg uzdrowił Miriam z trądu.

W 1 Sam. 7,9 czytamy: „Wziął tedy Samuel jedno jagnię ssące i złożył je Panu na ofiarę całopalną, i wołał Samuel za Izraelem do Pana, a Pan wysłuchał go".

1 Królewska 17 ukazuje historię wdowy z Sarepty, która okazała gościnność słudze Bożemu Eliaszowi. Kiedy jej syn zachorował i umarł Eliasz wołał do Boga i mówił: „Potem wyciągnął się trzy razy nad dzieckiem i zawołał do Pana tak: Panie, Boże mój, przywróć, proszę, życie temu dziecku. I wysłuchał Pan prośby Eliasza, i wróciła dusza tego dziecka do niego, i ożyło". Bóg wysłuchał Eliasza i chłopiec został wzbudzony z martwych (1 Król. 17,21-22). Kiedy Bóg usłyszał krzyk Eliasza, odpowiedział na jego modlitwę.

Jonasz, który został połknięty przez rybę z powodu nieposłuszeństwa Bogu, również otrzymał ocalenie, wołając do Boga w modlitwie. W Jon. 2,3 czytamy jego modlitwę: „Wzywałem Pana w mojej niedoli i odpowiedział mi, z głębi krainy umarłych wołałem o pomoc i wysłuchał mojego głosu". Bóg usłyszał jego krzyk i ocalił go. Bez względu na to, jak bardzo straszna i przygnębiająca jest sytuacja, w jakiej się znajdujemy, jak w przypadku Jonasza, Bóg daje nam pragnienie serca, odpowiada nam i daje rozwiązania problemów, kiedy żałujemy za nasze grzechy i wołamy do Niego.

Nowy Testament również opisuje sytuacje, w których ludzie wołali do Boga.

W Ew. Jana 11,43-44 czytamy, że Jezus zawołał donośnym głosem: „Łazarzu, wyjdź" i człowiek, który był umarły od czterech dni wyszedł, a jego dłonie, stopy i twarz były owinięte materiałem. Dla Łazarza nie miało to znaczenia, czy Jezus zawołał czy wyszeptał. Jednak Jezus wołał do Boga donośnym głosem. Jezus wzbudził z martwych Łazarza dzięki modlitwie zgodnie z wolą Bożą tak, by objawiła się Jego chwała.

W Ew. Marka 10,46-52 czytamy o uzdrowieniu ślepego Bartolomeusza:

> *„I przyszli do Jerycha; a gdy wychodził z Jerycha On oraz jego uczniowie i mnóstwo ludu, syn Tymeusza, Bartymeusz, ślepy żebrak, siedział przy drodze. Usłyszawszy, że to Jezus z Nazaretu, począł wołać i mówić: Jezusie, Synu Dawida! Zmiłuj się nade mną! I gromiło go wielu, aby milczał; a on tym więcej*

wołał: Synu Dawida! Zmiłuj się nade mną! Wtedy Jezus przystanął i rzekł: Zawołajcie go. I zawołali ślepego, mówiąc mu: Ufaj, wstań, woła cię. A on zrzucił swój płaszcz, porwał się z miejsca i przyszedł do Jezusa. A Jezus, odezwawszy się, rzekł mu: Co chcesz, abym ci uczynił? A ślepy odrzekł mu: Mistrzu, abym przejrzał. Tedy mu rzekł Jezus: Idź, wiara twoja uzdrowiła cię. I wnet odzyskał wzrok, i szedł za nim drogą"

W Dz. Ap. 7,59-60 czytamy o ukamienowaniu Szczepana, który wołał do Pana: „Panie Jezu, przyjmij ducha mego". A potem upadł na kolana i wołał donośnym głosem: „Panie, nie policz im grzechu tego".

W Dz. Ap. 4,23-24,31 czytamy: „A gdy zostali zwolnieni, przyszli do swoich i opowiedzieli wszystko, co do nich mówili arcykapłani i starsi. Ci zaś, gdy to usłyszeli, podnieśli jednomyślnie głos do Boga i rzekli: Panie, Ty, któryś stworzył niebo i ziemię, i morze, i wszystko, co w nich jest. A gdy skończyli modlitwę, zatrzęsło się miejsce, na którym byli zebrani, i napełnieni zostali wszyscy Duchem Świętym, i głosili z odwagą Słowo Boże".

Kiedy wołamy do Boga, stajemy się świadkami Jezusa Chrystusa i objawiamy moc Ducha Świętego.

Bóg powiedział nam, byśmy wołali do Niego, kiedy pościmy. Jeśli spędzimy dużą część czasu postu na spaniu z powodu zmęczenia, nie otrzymamy odpowiedzi od Boga. Bóg obiecuje nam w Iz. 58,9: „Gdy potem będziesz wołał, Pan cię wysłucha, a gdy będziesz krzyczał o pomoc, odpowie: Oto jestem!". Zgodnie z Jego obietnicą, jeśli wołamy do Niego, kiedy pościmy, łaska i moc z góry zostaną na nas zesłane, abyśmy mogli być zwycięzcami i otrzymać odpowiedzi na modlitwy.

Opowiadając przypowieść o Wytrwałej Wdowie, Jezus zadał pytanie retoryczne: „A czyżby Bóg nie wziął w obronę swoich wybranych, którzy wołają do niego we dnie i w nocy, chociaż zwleka w ich sprawie?" (Łuk. 18,1-8).

Dlatego Jezus mówi nam w Ew. Mat. 5,18: „Bo zaprawdę powiadam wam: Dopóki nie przeminie niebo i ziemia, ani jedna jota, ani jedna kreska nie przeminie z zakonu, aż wszystko to się stanie", kiedy modlą się dzieci Boże, naturalne jest dla nich wołanie w modlitwie. To Boże polecenie. Ponieważ Jego prawo dyktuje, że mamy spożywać owoce naszych trudów, otrzymamy odpowiedzi na nasze modlitwy, kiedy będziemy do Niego wołać.

Niektórzy ludzie mogą stwierdzić, opierając swoje twierdzenia na Ew. Mat. 6,6-8: „Czy musimy wołać do Boga, skoro On i tak już wie, o co chcemy Go prosić?" lub „Dlaczego mamy wołać, skoro Jezus powiedział, abyśmy modlili się w swoim pokoju przy zamkniętych drzwiach?". Nigdzie w Biblii nie są opisane sytuacje, w których ludzie w tajemnicy modlą się w swoich pokojach.

Rzeczywiste znaczenie Ew. Mat. 6,6-8 zachęca nas do modlitwy z całego serca. Wejdź do swojego pokoju i zamknij za sobą drzwi. Przebywając w swoim pokoju przy zamkniętych drzwiach, czyż nie jesteśmy odcięci od świata zewnętrznego? Jezus w Ew. Mat. 6,6-8 mówi nam, byśmy odcięli się od naszych myśli, światowych myśli, trosk, lęków i tym podobnych, modląc się z głębi serca.

Co więcej, Jezus opowiedział tę historię, by dać lekcję ludziom, pokazując, że Bóg nie słucha modlitw Faryzeuszów i kapłanów, którzy w czasach Jezusa modlili się na głos po to, by być zauważonymi przez innych. Nie mamy być dumni z tego, jak często się modlimy. Zamiast tego, powinniśmy zmagać się w modlitwie, badając nasze serce i umysł przed Wszechmocnym, który zna nasze potrzeby i pragnienia, Tym, który jest dla nas wszystkim.

Trudno jest modlić się z całego serca cichą modlitwą. Spróbujcie modlić się po cichu z zamkniętymi oczami w nocy. Szybko okażę się, że walczycie ze zmęczeniem i światowymi myślami, zamiast się modlić. Kiedy zmęczycie się odpędzaniem snu, zaśniecie zanim zdążycie zauważyć.

Zamiast modlić się w ciszy, czytamy: „I stało się w tych dniach, że wyszedł na górę, aby się modlić, i spędził noc na modlitwie do Boga" (Łuk. 6,12) oraz „A wczesnym rankiem, przed świtem, wstał, wyszedł i udał się na puste miejsce, i tam się modlił" (Mar. 1,35). Daniel, modląc się w swojej komnacie, miał okna otwarte na Jerozolimę i padał na kolana trzy razy dziennie, modląc się i dziękując Bogu (Dan. 6,10). Piotr szedł na dach (Dz. Ap. 10,9), a apostoł Paweł wychodził poza bramę nad rzekę, gdzie było jego miejsce modlitwy i gdzie modlił się, kiedy przebywał w Filippi (Dz. Ap. 16,13.16). Ci ludzie mieli wyznaczone szczególne miejsca, by się modlić, ponieważ chcieli modlić się z całego serca. Musimy modlić się w taki sposób, by pokonać siły szatana, władcy ciemności i otrzymać moc z góry. Tylko wtedy zostaniemy wypełnieni Duchem Świętym, pokusy zostaną od nas odegnane i otrzymamy odpowiedzi na nasze duże i małe problemy.

3) Wasza modlitwa musi mieć cel

Niektórzy ludzi sadzą drzewa dla dobrego drewna. Inni sadzą drzewa dla owocu. Inni sadzą drzewa, by mieć piękny ogród. Jeśli ktoś zasadził drzewo bez szczególnego celu, zanim szczepy wyrosną, może je zaniedbać, ponieważ zajmuje się innymi rzeczami.

Wyraźny cel sprawia, że szybciej osiągamy wyniki. Bez wyraźnego celu, nasze działania mogą zostać zaprzestane nawet z powodu niewielkiej przeszkody, ponieważ bez wyraźnego kierunku, pojawiają się wątpliwości i rezygnacja.

Musimy mieć wyraźny cel, modląc się do Boga. Obiecano nam, że otrzymamy od Boga wszystko, o co poprosimy, jeśli będziemy Mu ufać (1 Jana 3,21-22), a jeśli cel naszych modlitw jest wyraźny, będziemy modlić się gorliwiej i z większą wytrwałością. Nasz Bóg, jeśli nie znajdzie w naszych sercach nic godnego potępienia, da nam to, czego potrzebujemy. Musimy mieć cel naszych modlitw i być w stanie modlić się tak, jak podoba się Bogu.

4) Musicie modlić się z wiarą

Ponieważ każdy człowiek ma inną wiarę, każdy otrzyma odpowiedź zgodnie ze swoją wiarą. Kiedy ludzie po raz pierwszy przyjmują Jezusa i otwierają swoje serca, Ducha Święty przychodzi do nich, a Bóg pieczętuje je jako swoje dzieci. Wtedy ich wiara jest jak ziarnko gorczycy.

Kiedy zachowują święty dzień Pański i modlą się, przestrzegają Bożych przykazań i żyją zgodnie z Jego słowem, ich wiara wzrasta. Jednakże, kiedy stawiają czoła pokusom i cierpieniu zanim staną na skale, mogą kwestionować Bożą moc i zniechęcać się. Jednakże, kiedy stoją na skale wiary, nie upadną bez względu na okoliczności, ale będą patrzeć na Boga i modlić się. Bóg dostrzega taką wiarę i działa ku dobremu dla tych, którzy Go kochają.

Modląc się, otrzymujemy moc z góry i będziemy w stanie walczyć z grzechem i stać się podobnymi do Pana. Będziemy mieć wyraźny obraz woli Bożej i będziemy jej posłuszni. To jest wiara, która sprawia radość Bogu, a ci którzy się modlą, otrzymają wszystko, o co proszą. Wzrastając w wierze, ludzie doświadczą wypełnienia obietnicy zapisanej w Mar. 16,17-18: „A takie znaki będą towarzyszyły tym, którzy uwierzyli: w imieniu moim demony wyganiać będą, nowymi językami mówić będą, węże brać będą, a choćby coś trującego wypili, nie zaszkodzi im. Na chorych ręce kłaść będą, a ci wyzdrowieją". Ludzie wielkiej wiary otrzymają odpowiedzi zgodnie z ich wiarą, natomiast ludzie małej wiary otrzymają odpowiedzi zgodnie ze swoją.

Jest wiara egoistyczna, którą możemy nabyć sami i jest wiara, którą otrzymujemy od Boga. Wiara egoistyczna nie wiąże się z uczynkami, lecz wiara otrzymana od Boga zawsze przynosi uczynki. Biblia mówi nam, że wiara jest zapewnieniem tego, na co mamy nadzieję (Hebr. 11,1), jednak wiara egoistyczna nie daje pewności. Nawet jeśli mamy wiarę, która może rozdzielić Morze Czerwone lub poruszyć górę, jeśli jest to wiara egoistyczna, nigdy nie będziemy mieć pewności Bożej odpowiedzi.

Bóg daje nam wiarę żywą, której towarzyszą uczynki, jeśli zgodnie z naszą wiarą, jesteśmy Mu posłuszni, okazujemy naszą wiarę w uczynkach i modlimy się. Jeśli pokazujemy Mu naszą wiarę, wiara ta w połączeniu z żywą wiarą, którą On nam daje, staje się wielką wiarą, dzięki której możemy otrzymać odpowiedź Boga na nasze modlitwy bez opóźnienia. Czasami ludzie doświadczają niezaprzeczalnej pewności Bożej odpowiedzi. To jest wiara dana im przez Boga. Jeśli mają taką wiarę, już otrzymali odpowiedź na swoje modlitwy.

Dlatego, bez wątpienia, musimy zawierzyć obietnicy Jezusa zapisanej w Mar. 11,24: „Wszystko, o cokolwiek byście się modlili i prosili, tylko wierzcie, że otrzymacie, a spełni się wam". Musimy się modlić tak długo aż będziemy pewni Bożych odpowiedzi i otrzymamy to, o co prosimy w modlitwie (Mat. 21,22).

5) Musimy się modlić w miłości

W Hebr. 11,6 czytamy: „Bez wiary zaś nie można podobać się Bogu; kto bowiem przystępuje do Boga, musi uwierzyć, że On istnieje i że nagradza tych, którzy go szukają". Jeśli wierzymy, że otrzymamy odpowiedzi na wszystkie nasze modlitwy oraz, że nasze modlitwy przechowywane są w niebie, modlitwa nigdy nie będzie dla nas męcząca ani trudna.

Tak, jak Jezus zmagał się w modlitwie, by dać życie rodzajowi ludzkiemu, jeśli modlimy się w miłości za inne dusze, będziemy modlić się gorliwie. Jeśli potrafimy się modlić w szczerej miłości za innych ludzi, oznacza to, że potrafimy wczuć się w sytuację innych i dostrzegać ich problemy, dlatego będziemy modlić się za nich gorliwie jeszcze więcej.

Na przykład, przypuśćmy, że modlimy się o budowę nowego kościoła. Musimy modlić się tak, jakbyśmy modlili się o budowę naszego domu. Tak, jakbyśmy prosili o ziemię, pracowników, materiału i inne elementy naszego domu, tak musimy modlić się o każdy element budowy kościoła. Jeśli modlimy się o pacjenta, musimy wczuć się w jego sytuację i zmagać się w modlitwie z całego serca tak, jakby chodziło o nasz ból i nasze cierpienie.

Aby osiągnąć wolę Bożą, Jezus klękał i modlił się w miłości do Boga i do rodzaju ludzkiego. W konsekwencji, ścieżka zbawienia została otwarta i każdy, kto przyjmie Jezusa może otrzymać odpuszczenie grzechów i cieszyć się mianem dziecka Bożego.

W oparciu o to, jak modlił się Jezus oraz o cechy modlitwy, które podobają się Bogu, musimy zbadać nasze nastawienie i serce, modlić się tak, by sprawiać przyjemność Bogu oraz otrzymać od Niego wszystko, o co Go prosimy.

Rozdział 4

Abyście nie popadli w pokuszenie

„I wrócił do uczniów, i zastał ich śpiących,
i mówił do Piotra:
Tak to nie mogliście jednej godziny czuwać ze mną?
Czuwajcie i módlcie się, abyście nie popadli w pokuszenie;
duch wprawdzie jest ochotny,
ale ciało mdłe"

(Mat. 26,40-41)

1. Życie modlitewne: Oddech naszego ducha

Nasz Bóg żyje, przewiduje ludzkie życie, śmierć, przekleństwa i błogosławieństwa oraz miłość, sprawiedliwość i dobroć. Nie chce, by Jego dzieci ulegały pokusom lub stawiały czoła cierpieniu, jednak prowadzi ich życie tak, by było pełne błogosławieństw. Dlatego posłał Ducha Świętego na ziemię jako Doradcę, który może pomagać Jego dzieciom zwyciężać świat, odpędzać szatana, prowadzić zdrowe i szczęśliwe życie oraz otrzymać zbawienie.

W Jer. 29,11-12 Bóg obiecuje nam: „Albowiem ja wiem, jakie myśli mam o was - mówi Pan - myśli o pokoju, a nie o niedoli, aby zgotować wam przyszłość i natchnąć nadzieją. Gdy będziecie mnie wzywać i zanosić do mnie modły, wysłucham was".

Jeśli mamy prowadzić życie w pokoju i nadziei, musimy się modlić. Jeśli modlimy się nieustannie, żyjąc w Chrystusie, nie będziemy kuszeni, nasza dusza będzie obfitować, to co wydaje się niemożliwie stanie się możliwe, będzie nam się powodzić i będziemy cieszyć się dobrym zdrowiem. Jednakże, jeśli dzieci Boże nie modlą się, szatan ma do nich dostęp jak lew ryczący, będą stawiać czoła pokusom i doświadczać trudności.

Tak, jak kończy się życie, jeśli człowiek nie oddycha,

znaczenie modlitwy w życiu dzieci Bożych nigdy nie jest wystarczające. Dlatego Bóg mówi nam, byśmy modlili się bez ustanku (1 Tes. 5,17), przypomina nam, byśmy walczyli z grzechem (1 Sam. 12,23) i uczy nas, że jeśli będziemy się modlić, możemy zwyciężyć pokusy (Mat. 26,41).

Nowo nawrócone osoby, które niedawno przyjęły Jezusa początkowo mają trudności z modlitwą, ponieważ nie wiedzą, jak się modlić. Nasz martwy duch jest nowonarodzony, kiedy przyjmujemy Jezusa i otrzymujemy dar Ducha Świętego. W takiej sytuacji nasz duchowy stan podobny jest do bycia niemowlęciem; trudno się modlić.

Jednak, jeśli nie poddają się i nadal się modlą, karmiąc się Słowem Bożym, ich duch jest wzmocniony, a modlitwy stają się potężniejsze. Tak, jak ludzie nie mogą żyć bez oddychania, nie mogą też żyć bez modlitwy.

Z czasów dzieciństwa pamiętam, jak dzieci ze sobą rywalizowały, kto najdłużej wstrzyma oddech. Dzieci stawały naprzeciwko siebie i brały głęboki oddech. Kiedy jedno z dzieci mówiło „Gotowi", dzieci przygotowywały się, a kiedy mówił „Start", wstrzymywały oddech na tak długo, jak to tylko możliwe.

Początkowo, wstrzymywanie oddechu nie było trudne,

jednakże z czasem, twarze dzieci robiły się czerwone, a w końcu nie mogły już wytrzymać dłużej i wypuszczały powietrze. Nikt nie może żyć bez oddychania.

Tak samo jest z modlitwą. Kiedy człowiek przestaje się modlić, na początku nie zauważa różnicy. Jednak z czasem jego serce wypełnia się zniechęceniem i smutkiem. Jeśli dałoby się zobaczyć jego ducha, widzielibyśmy, że jego duch się dusi. Jeśli człowiek uświadomi sobie, że wszystko to wynika z baku modlitwy i na nowo zaczyna się modlić, może prowadzić normalne życie w Chrystusie. Jednakże jeśli nadal trwa w grzechu i nie modli się, jego serca będzie w jeszcze gorszym stanie i doświadczy trudów i niepowodzeń w wielu aspektach życia.

Przerwa od modlitwy nie jest wolą Bożą. Tak, jak łapiemy oddech, kiedy zaczynamy oddychać, powrót do życia modlitwy jest trudniejszy i wymaga czasu. Im dłuższa przerwa, tym dłużej zajmie nam odzyskanie naszego życia modlitewnego.

Ludzie, którzy uświadamiają sobie, że modlitwa jest oddechem duszy, wiedzą, że modlitwa nie jest trudna. Jeśli modlą się tak jak oddychają, bo tego potrzebują, zamiast uważać modlitwę za coś trudnego, uważają ją za źródło pokoju, nadziei i radości. Jest tak dlatego, że otrzymują odpowiedzi od Boga i oddają Mu chwałę, modląc się.

2. Powody, dla który pokusy dotykają ludzi, którzy się nie modlą

Jezus pokazał nam przykład modlitwy i powiedział swoim uczniom, by patrzyli na Niego i modlili się, by nie wpaść w pokuszenie (Mat. 26,41). Oznacza to, że jeśli się nie modlimy, popadniemy w pokuszenie. Dlaczego pokuszenie dotyka ludzi, którzy się nie modlą?

Bóg stworzył pierwszego człowieka Adama, uczynił go istotą żywą i umożliwił Mu komunikację z Bogiem, który jest Duchem. Po tym, jak Adam zjadł z drzewa poznania dobra i zła i okazał nieposłuszeństwo Bogu, duch Adama umarł, a jego komunikacja z Bogiem została przerwana, a człowiek został wygnany z Ogrodu Eden. Ponieważ szatan, władca ciemności, przejął kontrolę nad człowiekiem, który nie mógł komunikować się z Bogiem, który jest Duchem, człowiek coraz bardziej popadał w grzech.

Ponieważ karą na grzech jest śmierć (Rzym. 6,23), Bóg zrealizował swój plan zbawienia przez Chrystusa, aby cały rodzaj ludzki nie musiał być skazany na śmierć. Bóg pieczętuje każde swoje dzieci, które przyjmuje Jezusa jako swojego Zbawiciela, wyznaje, że jest grzesznikiem, okazuje skruchę i otrzymuje dar Ducha Świętego.

Duch Święty, Doradca, którego posłał Bóg, przekonuje świat o grzechu, sprawiedliwości i o sądzie (Jan 16,8), wstawia się za nami (Rzym. 8,26) i umożliwia nam zwycięstwo nad światem.
Aby być wypełnionym Duchem Świętym i otrzymać Jego prowadzenie, modlitwa jest absolutnie konieczna. Tylko jeśli się modlimy, przemówi do nas Duch Święty, poruszy nasze serca i umysły, ostrzeże nas przed pokusą, powie, jak jej uniknąć i pomoże nam zwyciężyć, kiedy pokusa się pojawi.
Jednakże, bez modlitwy, nie moa możliwości, by odróżnić wolę Boga od woli człowieka. W poszukiwaniu spełnienia światowych pragnień, ludzie, którzy się nie modlą, żyją według swoich nawyków i poszukują samousprawiedliwienia. Dlatego, dotykają ich pokusy i cierpienie, kiedy stawiają czoła trudnościom.

W Jak. 1,13-15 czytamy: „Niechaj nikt, gdy wystawiony jest na pokusę, nie mówi: Przez Boga jestem kuszony; Bóg bowiem nie jest podatny na pokusy ani sam nikogo nie kusi. Lecz każdy bywa kuszony przez własne pożądliwości, które go pociągają i nęcą; potem, gdy pożądliwość pocznie, rodzi grzech, a gdy grzech dojrzeje, rodzi śmierć".

Innymi słowy, pokusy dotykają ludzi, którzy się nie modlą, ponieważ nie potrafią odróżnić woli Bożej od woli ludzkiej, kierują się światowymi pragnieniami i cierpią z powodu trudności, ponieważ nie są w stanie zwyciężyć pokusy. Bóg pragnie, by wszystkie Jego dzieci nauczyły się być zadowolonymi bez względu na okoliczności, nauczyły się co to oznacza być w potrzebie i mieć obfitość, nauczyły się tajemnicy bycia zadowolonym w każdej sytuacji, bez względu na to, czy są najedzeni czy głodni, czy żyją w obfitości czy pragną (Fil. 4,11-12).

Jednakże, ponieważ światowe pragnienia prowadzą do grzechu, a karą za grzech jest śmierć, Bóg nie może chronić ludzi, którzy trwają w grzechu. Ludzie grzeszni doświadczają pokus szatana i cierpienia. Niektórzy popadają w pokusy i rozczarowują Boga, twierdząc, że to On zesłał na nich pokusę i sprowadził na nich cierpienie. Jednakże, są to czyny przeciwko Bogu i osoby takie nie będą w stanie pokonać pokus, ani też nie pozostawiają miejsca dla Boga, by czynił dobro.

Dlatego, Bóg nakazuje, byśmy zniszczyli spekulacje i wątpliwości przeciwne znajomości Boga i kontrolowali nasze myśli tak, by okazać posłuszeństwo Chrystusowi (2 Kor. 10,5). On przypomina nam w Rzym. 8,6-7: „Albowiem zamysł ciała, to śmierć, a zamysł Ducha, to życie i pokój. Dlatego zamysł ciała jest wrogi Bogu; nie poddaje się bowiem zakonowi Bożemu, bo też nie może".

Większość informacji, jakie gromadzimy w naszych umysłach jako poprawne zanim spotkamy Boga okazuje się fałszywa w świetle prawdy. Więc, możemy postępować zgodnie z wolą Bożą, kiedy zniszczymy wszelkie cielesne teorie i myśli. Co więcej, jeśli chcemy wyeliminować konflikty i pretensje, i być posłusznymi prawdzie, musimy się modlić.

Czasami Bóg miłości karci swoje ukochane dzieci, aby nie podążały drogą zniszczenia i dopuszcza pokusy, aby okazały skruchę i odwróciły się ze swych złych dróg. Kiedy ludzie badają swoje serca i okazują skruchę za wszystko co niewłaściwe w oczach Boga, modą się i patrzą na Tego, który działa ku dobremu dla tych, którzy Go kochają i radują się, Bóg zobaczy ich wiarę i z pewnością odpowie na ich modlitwy.

3. Duch jest ochotny, ale ciało mdłe

W nocy przed ukrzyżowaniem Jezus ze swoimi uczniami udał się do miejsca zwanego Ogrodem Getsemane i modlił się. Kiedy zobaczył, że jego uczniowie śpią, Jezusowi było przykro i powiedział: „Duch wprawdzie jest ochotny, ale ciało mdłe" (Mat. 26,41).

W Biblii znajdujemy sformułowania "ciało", "rzeczy cielesne" czy "uczynki ciała". Z drugiej strony, „ciało" jest przeciwne „duchowi" i ogólnie odnosi się do wszystkiego, co jest złe i zmienne. Odnosi się do stworzenia, łącznie z człowiekiem zanim zostanie przemieniony dzięki prawdzie, do roślin, zwierząt i tym podobnych. Natomiast „duch" odnosi się do tego, co wieczne, prawdziwe i niezmienne.

Od czasu nieposłuszeństwa Adama, wszystkie kobiety i mężczyźni rodzą się z grzeszną naturą, i to jest grzech pierwotny. Grzechy to czyny popełnione za namową szatana. Człowiek staje się istotą cielesną, kiedy fałsz dotyka jego ciała i ciało łączy się z grzeszną naturą. W Rzym. 9,8 napisano: „dzieci ciała". Werset mówi: „To znaczy, że nie dzieci cielesne są dziećmi Bożymi, lecz dzieci obietnicy liczą się za potomstwo". Natomiast Rzym. 13,14 ostrzega: „Ale obleczcie się w Pana Jezusa Chrystusa i nie czyńcie starania o ciało, by zaspokajać pożądliwości".

Co więcej, "rzeczy cielesne" to wiele różnych grzesznych cech, jak oszustwa, zazdrość, chciwość i nienawiść (Rzym. 8,5-8). Być może nie przerodziły się jeszcze w czyny, ale może się to stać w każdej chwili. Kiedy takie myśli stają się praktyką, możemy określić je mianem „uczynków ciała" (Gal. 5,19-21).

Co Jezus miał na myśli, mówiąc "ciało mdłe"? Odnosił się do fizycznego stanu swoich uczniów? Jako byli rybacy, Piotr, Jakub i Jan byli ludźmi u szczytu życia o dobrym zdrowiu. Jak na ludzi, którzy spędzili wiele nocy na wędkowaniu, towarzyszenie Jezusowi nie powinno stanowić wyzwania. Jednakże, nawet kiedy Jezus powiedział im, aby nie zasypiali i byli czujni wraz z Nim, uczniowie nie byli w stanie się modlić i znów zasnęli. Udali się do Getsemane, aby modlić się z Jezusem, jednak ich pragnienie było jedynie w ich sercu. Kiedy Jezus powiedział im, że ich ciało jest mdłe, chodziło Mu o to, że uczniowie nie byli w stanie odrzucić pragnień ciała, które sprawiły, że zasypiali.

Piotr, który był jednym z ukochanych uczniów Jezusa, nie potrafił się modlić, ponieważ jego ciało było słabe, mimo że duch był ochoczy, a kiedy Jezus został pojmany i Jego życie było zagrożona, trzy razy zaparł się Jezusa. To miało miejsce przez zmartwychwstaniem Jezusa i Jego wniebowstąpieniem. Piotr był sparaliżowany strachem, ponieważ nie otrzymał jeszcze Ducha Świętego. Później kiedy Piotr otrzymał Ducha Świętego, przywracał umarłym życie, czynił znaki i cuda, stał się na tyle odważny, że został ukrzyżowany do góry nogami. Oznaki słabości Piotra zniknęły, ponieważ Piotr stał się odważnym apostołem Bożej mocy, który nie bał się śmierci. Jezus przelał swoją cenna, nieskazaną krew i odkupił nam od naszych niedomagań, biedy i słabości. Jeśli będziemy żyć w wierze, w posłuszeństwie Słowu Bożemu, będziemy cieszyć się zdrowiem cielesnym i duchowym, oraz będziemy w stanie czynić to, co dla człowieka wydaje się niemożliwe.

Czasami, niektórzy ludzie popełniają grzechy, jednakże zamiast żałować za swoje grzechy, wolą mówić „Moje ciało jest słabe" i uważają, że grzech jest czymś naturalnym. Wypowiadają słowa, jednak nie są świadomi prawdy. Przypuśćmy, że ojciec dał synowi 1 000 dolarów. Jakże dziwne byłoby, gdyby syn schował pieniądze do kieszeni i powiedział ojcu: "Nie ma żadnych pieniędzy, ani grosza". Jakże frustrujące dla ojca byłoby to, gdyby syn mając 1 000 dolarów w kieszeni, głodował i nie kupił sobie jedzenia? Dlatego, dla tych, którzy otrzymują Ducha Świętego stwierdzenie „Nasza ciało jest słabe" jest oksymoronem.

Widziałem wielu ludzi, którzy chodzili do łóżka o 22:00, a teraz uczęszczają na całonocne nabożeństwa piątkowe dzięki modlitwie i otrzymaniu Ducha Świętego. Nie męczą się ani nie są śpiący, ale oddają piątkowy wieczór Bogu w pełni Ducha Świętego. Dzięki pełni Ducha Świętego, duchowy wzrok ludzi wyostrza się, ich serca są pełne miłości, nie czują zmęczenia, a ich ciała wydają się być lżejsze.

Ponieważ żyjemy w czasach Ducha Świętego, nie możemy zaprzestawać się modlić i grzeszyć, mówiąc, że nasze ciało jest słabe. Zamiast tego powinniśmy pozostawać czujni i stale się modlić, aby otrzymać pomoc Ducha Świętego i odrzucić uczynki ciała, prowadząc gorliwie życie w Chrystusie i żyjąc zgodnie z wolą Bożą dla nas.

4. Błogosławieni ci, którzy pozostają czujni i się modlą

W 1 Piotra 5,8-9 czytamy: "Bądźcie trzeźwi, czuwajcie! Przeciwnik wasz, diabeł, chodzi wokoło jak lew ryczący, szukając kogo by pochłonąć. Przeciwstawcie mu się, mocni w wierze, wiedząc, że te same cierpienia są udziałem braci waszych w świecie". Szatan i diabeł, władcy królestwa ciemności, starają się odciągnąć wierzących od Boga i uniemożliwić ludziom otrzymanie wiary od Boga. Jeśli ktoś chce wyrwać drzewo, najpierw musi spróbować nim wstrząsnąć. Jeśli pień jest duży i gruby, a drzewo ma głębokie korzenie, człowiek podda się i spróbuje wyrwać inne drzewo. Jeśli okaże się, że drugie drzewo łatwiej wyrwać niż pierwsze, będzie bardziej zdeterminowany i jeszcze energiczniej będzie potrząsał drzewem. Tak samo diabeł, który chce odciągnąć nas od Boga, podda się, jeśli wytrwamy.

Jeśli damy mu się wstrząsnąć choć trochę, diabeł będzie zsyłał na nas pokusy, aby nas powalić.

Aby pokonać i zniszczyć plany szatana i chodzić w światłości, żyjąc zgodnie ze Słowem Bożym, musimy walczyć w modlitwie i otrzymać siłę od Boga oraz moc z góry. Jezus, jedyny Syn Boży, mógł osiągnąć wszystko zgodnie z wolą Bożą, ponieważ żył w mocy modlitwy. Zanim rozpoczął swoją publiczną służbę, Jezus przygotowywał się i pościł przez czterdzieści dni i czterdzieści nocy. Podczas swojej służby manifestował wspaniałe dzieła mocy Bożej dzięki stałej modlitwie. Pod koniec swojej publicznej służby, Jezus mógł zniszczyć władzę śmierci i zwyciężyć w zmartwychwstaniu, dzięki modlitwom, które zanosił do Boga w Getsemane. Dlatego Jezus zachęca nas: „W modlitwie bądźcie wytrwali i czujni z dziękczynieniem" (Kol. 4,2) oraz „Lecz przybliżył się koniec wszystkiego. Bądźcie więc roztropni i trzeźwi, abyście mogli się modlić" (1 Piotra 4,7). On również nauczył nas modlić się: „I nie wódź nas na pokuszenie, ale nas zbaw ode złego; albowiem twoje jest Królestwo i moc, i chwała na wieki wieków. Amen" (Mat. 6,13). Zapobieganie pokusom jest bardzo ważne. Jeśli popadniemy w pokuszenie, oznacza to, że nie zwyciężyliśmy, że zmęczyliśmy się, że nasza wiara osłabła – nie jest to radością dla Boga.

Jeśli pozostajemy czujni i modlimy się, Duch Święty naucza

nas, jak kroczyć właściwą ścieżką i walczyć z grzechem. Co więcej, jeśli nasza dusza obfituje, nasze serce będzie podobne do serca Pana, będzie nam się w życiu powodziło i otrzymamy błogosławieństwo w postaci zdrowia.

Modlitwa jest kluczem do tego, byśmy posiadali w naszym życiu wszystko, czego nam potrzeba i otrzymali błogosławieństwo zdrowie duchowego i cielesnego. W 1 Jana 5,18 otrzymuje obietnicę: „Wiemy, że żaden z tych, którzy się z Boga narodzili, nie grzeszy, ale że Ten, który z Boga został zrodzony, strzeże go i zły nie może go tknąć". Dlatego, kiedy pozostajemy czujni, modlimy się i chodzimy w światłości, będziemy bezpieczni i nie będziemy popadać w pokuszenie, ponieważ Bóg wskaże nam drogę ucieczki i będzie działał dla dobra tych, którzy Go kochają.

Ponieważ Bóg powiedział nam, byśmy stale się modlili, On pragnie, byśmy stali się Jego błogosławionymi dziećmi, które prowadzą życie w Chrystusie, pozostając czujnymi, odrzucając szatana i otrzymując Boże błogosławieństwa.

W 1 Tes. 5,23 czytamy: „A sam Bóg pokoju niechaj was w zupełności poświęci, a cały duch wasz i dusza, i ciało niech będą zachowane bez nagany na przyjście Pana naszego, Jezusa Chrystusa". Oby każdy z was otrzymał pomoc Ducha Świętego, pozostając czujnym i modląc się nieustannie, aby posiadł nieskazitelne serce jako dziecko Boże, odrzucając grzeszną naturę i oczyszczając swoje serce dzięki Duchowi Świętemu. Oby radował się władzą jako dziecko Boże, którego dusza obfituje, wszystko w jego życiu układa się i otrzymuje błogosławieństwo w postaci zdrowia. O to się modlę w imieniu Pana Jezusa Chrystusa!

Rozdział 5

Skuteczna modlitwa sprawiedliwego

Wyznawajcie tedy grzechy jedni drugim
i módlcie się jedni za drugich,
abyście byli uzdrowieni.
Wiele może usilna modlitwa sprawiedliwego.
Eliasz był człowiekiem podobnym do nas i modlił się usilnie,
żeby nie było deszczu i nie było deszczu na ziemi
przez trzy lata i sześć miesięcy.
Potem znowu modlił się i niebo spuściło deszcz,
i ziemia wydała swój plon

(Jak. 5,16 -18)

1. Modlitwa wiary, która uzdrawia chorych

Kiedy patrzymy na nasze życie, widzimy, że były chwile, kiedy modliliśmy się w cierpieniu i chwile, kiedy oddawaliśmy część Bogu za odpowiedź na nasze modlitwy. Były chwile, kiedy modliliśmy się o uzdrowienie naszych bliskich i chwile, kiedy chwaliliśmy Boga za to, że uczynił coś, co wydawało się niemożliwe.

W Hebr. 11 czytamy na temat wiary. W wierszu 1 napisano: „A wiara jest pewnością tego, czego się spodziewamy, przeświadczeniem o tym, czego nie widzimy", a w wierszu 6: „Bez wiary zaś nie można podobać się Bogu; kto bowiem przystępuje do Boga, musi uwierzyć, że On istnieje i że nagradza tych, którzy go szukają".

Wiara dzieli się na wiarę cielesną i wiarę duchową. Z jednej strony, wiara cielesna sprawia, że wierzymy w Boże Słowo, jeśli jest ono zgodne z naszymi przekonaniami. Taka wiara cielesna nie zmienia naszego życia. Z drugiej strony wiara duchowa sprawia, że wierzymy w moc żywego Boga i Jego Słowo nawet jeśli nie jest to zgodne z naszymi przekonaniami i teoriami. Wierząc w działanie Boga, który stwarza coś z niczego, doświadczamy zmian w naszym życiu oraz zauważamy Jego znaki i cuda, wierząc, że wszystko jest możliwe dla tego, kto wierzy.

Dlatego Jezus powiedział: „A takie znaki będą towarzyszyły tym, którzy uwierzyli: w imieniu moim demony wyganiać będą, nowymi językami mówić będą, węże brać będą, a choćby coś trującego wypili, nie zaszkodzi im. Na chorych ręce kłaść będą, a ci wyzdrowieją" (Mar. 16,17-18). „Co się tyczy tego: Jeżeli coś możesz, to: Wszystko jest możliwe dla wierzącego" (Mar. 9,23). „Dlatego powiadam wam: Wszystko, o cokolwiek byście się modlili i prosili, tylko wierzcie, że otrzymacie, a spełni się wam" (Mar. 11,24).

Jak możemy otrzymać duchową wiarę i doświadczyć wielkiej mocy Bożej? Musimy pamiętać o tym, co apostoł Paweł napisał w 2 Kor. 10,5: „Nim też unicestwiamy złe zamysły i wszelką pychę, podnoszącą się przeciw poznaniu Boga, i zmuszamy wszelką myśl do poddania się w posłuszeństwo Chrystusowi".

Nie możemy więcej naszej wiedzy nagromadzonej do tej pory uważać za prawdziwą. Zamiast tego, powinniśmy wyeliminować swoje myśli i teorie, które nie są zgodne ze Słowem Bożym, być posłuszni Jego Słowu i żyć zgodnie z Jego wolą. W ten sposób usuniemy cielesne myśli i odrzucimy fałsz, a nasza dusza będzie obfitować i posiądziemy duchową wiarę, według której możemy żyć.

Duchowa wiara jest miarą wiary Bóg daje każdemu z nas (Rzym. 12,3). Kiedy dowiadujemy się o ewangelii i przyjmujemy Chrystusa, nasza wiara jest mała jak ziarenko gorczycy. Kiedy gorliwie uczęszczamy w nabożeństwa, słuchamy Słowa Bożego i żyjemy zgodnie z nim, stajemy się coraz bardziej sprawiedliwi. Co więcej, nasza wiara wzrasta, a znaki będą towarzyszyć nam jako ludziom wierzącym.

W modlitwie, której celem jest uzdrowienie chorych, podstawą musi być duchowa wiara tych, którzy się modlą. Dla setnika, którego sługa był sparaliżowany i bardzo cierpiał, opisanego w Mat. 8 wiara była powodem, dla którego jego sługa został uzdrowiony, ponieważ wierzył on, że wystarczy słowo Jezusa, by jego sługa wrócił do zdrowia (Mat. 8,5-13).

Co więcej, kiedy modlimy się o chorych, musimy być odważni w swojej wierze i nie wątpić, ponieważ jak napisano w Słowie Bożym: „Ale niech prosi z wiarą, bez powątpiewania; kto bowiem wątpi, podobny jest do fali morskiej, przez wiatr tu i tam miotanej. Przeto niechaj nie mniema taki człowiek, że coś od Pana otrzyma" (Jak. 1,6-7).

Bogu podoba się silna i niezmienna wiara, które nie chwieje się, a kiedy jednoczymy się w miłości i modlitwie za chorych z wiarą, Bóg okazuje wielką moc. Ponieważ choroba jest konsekwencją grzechu, a Bóg jest naszym Panem Uzdrowicielem (Ks. Wyj. 15,26), kiedy wyznajemy nasze grzechy jedni drugim i modlimy się za siebie nawzajem, Bóg daje przebaczenie i uzdrowienie.

Kiedy modlimy się z duchową wiarą i w duchowej miłości, doświadczymy wielkiej mocy Boga, będziemy świadczyć o Jego miłości i oddawać mu chwałę.

2. Potężna i skuteczna jest modlitwa człowieka sprawiedliwego

Według słownika Merriam-Webster człowiek sprawiedliwy to ktoś, kto zachowuje się zgodnie z prawem boskim i prawem moralnym, człowiek bez winy i bez grzechu". Jednak w Rzym. 3,10 czytamy: „Nie ma ani jednego sprawiedliwego", a Bóg mówi: "Gdyż nie ci, którzy zakonu słuchają, są sprawiedliwi u Boga, lecz ci, którzy zakon wypełniają, usprawiedliwieni będą" (Rzym. 2,13) oraz „Dlatego z uczynków zakonu nie będzie usprawiedliwiony przed nim żaden człowiek, gdyż przez zakon jest poznanie grzechu" (Rzym. 3,20).

Grzech wszedł na świat z powodu nieposłuszeństwa Adama pierwszego stworzonego człowieka i wielu ludzi dostąpiło potępienia z powodu grzechu jednego człowieka (Rzym. 5,12.18). Dla człowieka, niezależnie od zakonu, objawiona została sprawiedliwość Boża i sprawiedliwość ta została dana przez wiarę w Jezusa wszystkim, którzy wierzą (Rzym. 3,21-23).

Ponieważ „sprawiedliwość" tego świata zmienia się wraz z wartościami wyznawanymi przez kolejne pokolenia, nie może być standardem sprawiedliwości. Jednak Bóg nigdy się nie zmienia, a Jego sprawiedliwość jest standardem prawdziwej sprawiedliwości.

Dlatego w Rzym. 3,28 czytamy: „Uważamy bowiem, że człowiek bywa usprawiedliwiony przez wiarę, niezależnie od uczynków zakonu". Czy więc unieważniamy zakon przez wiarę? Wręcz przeciwnie – utwierdzamy (Rzym. 3,31).

Jeśli jesteśmy usprawiedliwieni przez wiarę, musimy wydawać owoce uświęcenia przez to, że zostajemy uwolnieni od grzechu i stajemy się niewolnikami Boga. Musimy stać się prawdziwie sprawiedliwi, odrzucając fałsz, który nie jest zgodny ze Słowem Bożym i żyć zgodnie z prawdą.

Bóg uznaje ludzi za sprawiedliwych, jeśli ich wierze towarzyszą uczynki i jeśli starają się żyć zgodnie z Jego Słowem dzień po dni, manifestując Jego dzieła w odpowiedzi na swoje modlitwy. Jak Bóg odpowiedziałby komuś, kto chodzi do kościoła, jednak buduje ścianę grzechu między sobą i Bogiem poprzez nieposłuszeństwo swoim rodzicom, konflikty z braćmi i złe czyny?

Bóg sprawia, że modlitwa sprawiedliwego – który jest posłuszny Jego słowu i nosi ze sobą dowód swojej miłości do

Boga – jest potężna i skuteczna, dając mu siłę w modlitwie.

W Ew. Łuk. 18,1-18 czytamy przypowieść o wytrwałej wdowie. Opowiada ona o wdowie, która wniosła swoją sprawę przed sędziego, który nie bał się Boga ani nie szanował człowieka. Mimo, że sędzia nie bał się Boga ani nie troszczył się o człowieka, w końcu zdecydował się pomóc wdowie. Sędzia powiedział: „Chociaż i Boga się nie boję ani z człowiekiem się nie liczę, jednak ponieważ naprzykrza mi się ta wdowa, wezmę ją w obronę, by w końcu nie przyszła i nie uderzyła mnie w twarz". Na koniec przypowieści Jezus mówi: „A czyżby Bóg nie wziął w obronę swoich wybranych, którzy wołają do niego we dnie i w nocy, chociaż zwleka w ich sprawie? Powiadam wam, że szybko weźmie ich w obronę. Tylko czy Syn Człowieczy znajdzie wiarę na ziemi, gdy przyjdzie?" (Łuk. 18,7-8).

Jednakże, kiedy się rozglądamy wokół, widzimy ludzi, którzy wyznają, że są dziećmi Bożymi, modlą się w dzień i w nocy, często poszczą, a jednak nie otrzymują odpowiedzi na swoje modlitwy. Takie osoby muszą sobie uświadomić, że nie są sprawiedliwe w oczach Boga.

W Fil. 4,6-7 napisano: „Nie troszczcie się o nic, ale we wszystkim w modlitwie i błaganiach z dziękczynieniem powierzcie prośby wasze Bogu. A pokój Boży, który przewyższa wszelki rozum, strzec będzie serc waszych i myśli waszych w

Chrystusie Jezusie". Boże odpowiedzi na modlitwy zależą od tego, jak bardzo sprawiedliwi jesteśmy w oczach Boga i modlimy się z wiarą i miłością. Człowiek sprawiedliwy i poświęcony modlitwie, otrzymuje odpowiedzi na swoje modlitwy od Boga i oddaje Mu chwałę. Dlatego, niezwykle ważne jest to, by zburzyć mur grzechu oddzielający nas od Boga, stać się sprawiedliwymi w Bożych oczach i modlić się gorliwie w wierze i miłości.

3. Dar i moc

Dary to swojego rodzaju prezenty od Boga i odnoszą się do szczególnych dzieł Bożej miłości. Im bardziej się modlimy, tym bardziej pragniemy Bożych darów. Jednakże czasami możemy prosić Boga o dar, który wynika z naszych fałszywych pożądliwości. To może doprowadzić do zniszczenia i nie jest właściwe w oczach Bożych, dlatego musimy się przed tym chronić.

W Dz. Ap. 8 opisany jest wróżbita o imieniu Szymon, który kiedy dowiedział się o ewangelii, podążał za Filipem i był zaskoczony wielkimi znakami i cudami, które widział (wersety 9-13). Kiedy Szymon zobaczył, że Duch Święty był przekazywany dzięki dotykowi rąk Piotra i Jana, zaproponował apostołom pieniądze, mówiąc: „Dajcie i mnie tę moc, aby ten, na kogo ręce włożę, otrzymał Ducha Świętego" (w. 19). W odpowiedzi Piotr napomniał Szymona, mówiąc: „Niech zginą wraz z tobą pieniądze twoje, żeś mniemał, iż za pieniądze można nabyć dar Boży. Co się tyczy tej sprawy, to nie masz w niej cząstki ani udziału, gdyż serce twoje nie jest szczere wobec Boga. Przeto odwróć się od tej nieprawości swojej i proś Pana, czy nie mógłby ci być odpuszczony zamysł serca twego; widzę bowiem, żeś pogrążony w gorzkiej żółci i w więzach nieprawości" (w. 20-23).

Ponieważ dary otrzymują ludzie, którzy przybliżają innym Boga i ratują ludzi, muszą manifestować się dzięki Duchowi Świętemu. Dlatego, zanim poprosimy Boga o Jego dary, musimy stać się sprawiedliwymi w Jego oczach.

Kiedy stajemy się narzędziami Bożymi, On pozwala nam prosić o dary pod natchnieniem Ducha Świętego i daje nam dary, o które prosimy.

Wiemy, że każdy z praojców wiary był wykorzystywany przez Boga do różnych celów. Niektórzy manifestowali moc Bożą, inny prorokowali a inni nauczali. Im większa była ich wiara i miłość, Bóg dawał im większą moc i pozwalał manifestować swoją moc.

Kiedy Mojżesz był księciem Egiptu, był porywczy, dlatego

zabił Egipcjanina, który źle traktował Izraelitów (Ks. Wyj. 2,12). Jednakże po wielu próbach, Mojżesz stał się skromnym człowiekiem skromniejszym niż ktokolwiek inny na ziemi, a wtedy otrzymał wielką moc. Wyprowadził Izraelitów z Egiptu, manifestując wiele znaków i cudów (Ks. Liczb 12,3).

Znamy też modlitwę proroka Eliasza zapisaną w Ks. Jak. 5,17-18: „Eliasz był człowiekiem podobnym do nas i modlił się usilnie, żeby nie było deszczu i nie było deszczu na ziemi przez trzy lata i sześć miesięcy. Potem znowu modlił się i niebo spuściło deszcz, i ziemia wydała swój plon".

Zgodnie z tym, co widzieliśmy i z tym, co mówi nam Biblia, modlitwa człowieka sprawiedliwego jest potężna i skuteczna. Siła i moc sprawiedliwego człowieka są wyjątkowe. Czasami okazuje się, że człowiek pomimo wielu godzin spędzonych na modlitwie, nie otrzymuje odpowiedzi od Boga. Jednak modlitwa, która ma wielką moc nie pozostaje bez Bożej reakcji i sprawia, że dzieła Boże są manifestowane. Bóg raduje się, kiedy zanosimy do Niego modlitwę wiary, miłości i poświęcenia, i umożliwia ludziom oddawanie Mu chwały, dając im Swoje dary i moc.

Jednakże, nie byliśmy sprawiedliwi od początku; naszą sprawiedliwość otrzymujemy dzięki przyjęciu Jezusa Chrystusa. Stajemy się sprawiedliwi, stając się świadomi naszych grzechów, słuchając Słowa Bożego, odrzucając fałsz i sprawiając, że nasza dusza obfituje. Co więcej, staniemy się ludźmi sprawiedliwymi, żyjąc w światłości i sprawiedliwości, pozwalając Bogu, by każdego dnia zmieniał nasze życie, byśmy mogli powiedzieć jak apostoł Paweł: „Tak ja codziennie umieram" (1 Kor. 15,31).

Zachęcam każdego z was, by przyjrzał się swojemu życiu i zobaczył, czy nie ma w nim muru oddzielającego was od Boga, a jeśli jest, zburzył go bez wahania.

Niech każdy z was okazuje posłuszeństwo w wierze, poświęceniu, miłości i modlitwie jako człowiek sprawiedliwy, otrzyma błogosławieństwa we wszystkim, co robi i odda chwałę Bogu w imieniu Pana Jezusa!

Rozdział 6

Wielka Moc Wspólnej Modlitwy

Nadto powiadam wam, że jeśliby dwaj z was na ziemi
uzgodnili swe prośby o jakąkolwiek rzecz,
otrzymają ją od Ojca mojego, który jest w niebie.
Albowiem gdzie są dwaj lub trzej zgromadzeni w imię moje,
tam jestem pośród nich.

(Mat. 18.19-20)

1. Bóg raduje, jeśli ludzie modlą się razem

Jest pewne koreańskie przysłowie, które mówi: „Lepiej jest dźwigać razem wielkie ciężary, niż samemu kartkę papieru". Zamiast izolować się i próbować robić wszystko samodzielnie, przysłowie uczy nas, że będziemy skuteczniejsi i osiągniemy lepsze wyniki, pracując w grupie. Chrześcijaństwo, które podkreśla miłość do bliźniego i wspólnoty kościelnej, jest dobrym przykładem.

W Ks. Koh. 4,9-12 czytamy: „Lepiej jest dwom niż jednemu, mają bowiem dobrą zapłatę za swój trud: Bo jeżeli upadną, to jeden drugiego podniesie. Lecz biada samotnemu, gdy upadnie! Nie ma drugiego, który by go podniósł. Także, gdy dwaj razem leżą, zagrzeją się; natomiast jak może jeden się zagrzać? A jeżeli jednego można pokonać, to we dwóch można się ostać; a sznur potrójny nie tak szybko się zerwie". Niniejsze wersy uczą nas, że kiedy ludzie jednoczą się i współpracują, wielka moc i radość będzie ich udziałem.

W Ew. Mat. 18,19-20 czytamy o tym, jak ważne jest, by wierzący zbierali się i wspólnie się modlili. Są modlitwy indywidualne, w ramach których ludzie modlą się o swoje problemy, kiedy potrzebują ciszy i samotności. Są też modlitwy wspólne, czyli takie, w ramach których ludzie zbierają się i wołają do Boga razem.

Tak, jak mówi nam Jezus „jeśli dwoje ludzi uzgodni coś na ziemi" i „tam, gdzie dwóch lub trzech spotyka się w imieniu Moim", wspólna modlitwa to modlitwa, łącząca wielu ludzi w jedno. Bóg mówi nam, że cieszy się, kiedy decydujemy się na wspólne modlitwy i obiecuje nam, że uczyni wszystko, o co będziemy prosić w dwójkę lub w trójkę w imieniu naszego Pana.

Jak możemy oddawać chwałę Bogu, otrzymując odpowiedzi na modlitwy zanoszone do Niego wspólnie w domach lub kościołach, w małych grupach, a nawet w komórce? Przyjrzyjmy się znaczeniu i metodom wspólnych modlitw oraz skorzystajmy z mocy, którą możemy otrzymać od Boga, modląc się o Jego królestwo, sprawiedliwość, kościół i wielką chwałę.

2. Znaczenie wspólnej modlitwy

W pierwszych wersetach zacytowanych w tym rozdziale Jezus mówi nam: "Nadto powiadam wam, że jeśliby dwaj z was na ziemi uzgodnili swe prośby o jakąkolwiek rzecz, otrzymają ją od Ojca mojego, który jest w niebie" (Mat. 18,19). Znajdujemy tu coś dziwnego. Zamiast odnosić się do modlitwy indywidualnej, czytamy o dwójce lub trójce ludzi. Dlaczego Jezus powiedział: „Jeśliby dwaj z was na ziemi uzgodnili swe prośby o jakąkolwiek rzecz, otrzymają ją od Ojca mojego, który jest w niebie" podkreślając „dwoje ludzi"?

„Dwoje ludzi" odnosi się tutaj do każdego z nas oraz do innych ludzi. Innymi słowy, „dwoje ludzi" może odnosić się do jednej osoby, dziesięciu ludzi, stu ludzi i tysiąca ludzi oprócz nas samych.

Jakie jest duchowe znaczenie sformułowania „dwoje z was"? Każdy z nas ma swoją osobowość, w której zamieszkuje Duch Święty. W Rzym. 8,26 czytamy: „Podobnie i Duch wspiera nas w niemocy naszej; nie wiemy bowiem, o co się modlić, jak należy, ale sam Duch wstawia się za nami w niewysłowionych westchnieniach". Duch Święty, który nas napomina, sprawia, że nasze serca są świątynią, w której mieszka.

Jako dzieci Boże otrzymujemy władzę, kiedy po raz pierwszy uwierzymy w Boga i przyjmiemy Jezusa jako naszego Zbawiciela. Duch Święty przychodzi i ożywia naszego ducha, który był martwy z powodu grzechu pierwotnego. Dlatego, w każdym dziecku Bożym zamieszkuje Duch Święty, zmieniając jego charakter na swoje podobieństwo.

„Dwoje ludzi na ziemi" oznacza modlitwę płynącą z naszego serca oraz modlitwę naszego ducha, wynikającą ze wstawiennictwa Ducha Świętego (1 Kor. 14,15; Rzym. 8,26). Słowa „dwaj z was na ziemi uzgodnili swe prośby" oznaczają, że dwoje ludzi modli się do Boga, a ich prośby są takie same. Co więcej, kiedy Duch Święty łączy się z jedną osobą w modlitwie, dwiema osobami lub większą ilością osób, ludzi ci mają uzgodnić swoje prośby.

Pamiętając o znaczeniu wspólnej modlitwy, doświadczajmy spełnienia Bożej obietnicy: „Nadto powiadam wam, że jeśliby dwaj z was na ziemi uzgodnili swe prośby o jakąkolwiek rzecz, otrzymają ją od Ojca mojego, który jest w niebie".

3. Rodzaje wspólnych modlitw

Bóg z radością przyjmuje modlitwy ludzi, którzy ustalili sobie wspólną intencję i udziela odpowiedzi, manifestując Swoje wielkie dzieła, ponieważ serca ludzie, którzy się do Niego modlą, są zjednoczone.

Będzie to źródłem radości, pokoju i niekończącej się chwały, jeśli modlimy się razem w jedności z Duchem świętym. Będziemy mogli otrzymać „odpowiedzi ogniste" i świadczyć o żywym Bogu. Jedność serca nie jest łatwa, a dojście do porozumienia niesie ze sobą znaczące implikacje.

Przypuśćmy, że sługa ma dwóch panów. Czy jego lojalność i służba nie byłoby naturalnie rozdzielone? Problem staje się poważniejszy, jeśli dwóch panów ma różne osobowości i gusty.

Przypuśćmy, że dwoje ludzi spotkało się, aby zaplanować

jakieś wydarzenie. Jeśli nie są zgodni, a ich opinie różnią się, możemy założyć, że nie będzie im łatwo się dogadać. Ponadto, jeśli tych dwoje ludzi wykonało swoją pracę, mając inne cele w sercu, ich plany mogą wydawać się dobre, jednak wyniki nie będą się z nimi pokrywać. Dlatego, umiejętność zjednoczenia się z innymi osobami w modlitwie jest kluczem do otrzymania odpowiedzi od Boga.

Jak możemy zjednoczyć się w modlitwie?

Ludzie, którzy modlą się razem, muszą modlić się pod natchnieniem Ducha Świętego, być przejęci Duchem Świętym, stać się z Nim jedno i modlić się w Duchu Świętym (Efez. 6,18). Ponieważ Duch Święty jest jedno z Bogiem, bada wszystko, nawet głębiny Boże (1 Kor. 2,10) oraz wstawia się za nami zgodnie z wolą Boga (Rzym. 8,27). Kiedy modlimy się, będąc pod kierownictwem Ducha Świętego, Bóg z radością przyjmuje nasze modlitwy, daje nam to, o co prosimy i spełnia pragnienia naszego serca.

Aby modlić się w pełni Ducha Świętego, musimy wierzyć Słowu Bożemu bez powątpiewania, okazywać posłuszeństwo w prawdzie, być radosnymi, stale się modlić i okazywać dziękczynienie bez względu na okoliczności. Musimy wołać do Boga z głębi serca. Kiedy naszej wierze towarzyszą uczynki i zmagamy się w modlitwie, Bóg się raduje i daje nam radość przez Ducha Świętego. To właśnie oznacza być wypełnionym lub natchnionym Duchem Świętym.

Osoby nowo nawrócone lub ludzie, którzy nie modlą się regularnie, nie otrzymali jeszcze mocy modlitwy, dlatego uważają, że modlitwa jest trudna i uciążliwa. Jeśli będą próbowały modlić się przez godzinę, będą szukać różnych tematów modlitwy, a jednak trudno im będzie modlić się przez godzinę. Będą zmęczeni i wyczerpani, będą czekać aż czas minie i w końcu okaże się, że ich modlitwa to bełkot. Taka modlitwa jest modlitwą duszy, na którą Bóg nie może odpowiedzieć.

Dla wielu ludzi, nawet jeśli uczęszczają do kościoła przez ponad dziesięć lat, modlitwa nadal jest modlitwą duszy. Większość ludzi, którzy narzekają i zniechęcają się, ponieważ nie otrzymują odpowiedzi od Boga, nie może otrzymać Bożej odpowiedzi, ponieważ ich modlitwy są modlitwami duszy. Nie można jednak powiedzieć, że Bóg odwraca się od ich modlitw; On je słyszy, jednak nie może na nie odpowiedzieć.

Ktoś może zapytać: „Czy to oznacza, że nie ma sensu się modlić, skoro nasze modlitwy są pozbawione natchnienia Ducha Świętego?". Nie. Nawet jeśli ludzie modlą się w myślach, jeśli wołają gorliwie do Boga, by otworzył bramy modlitwy, otrzymają moc modlitwy i zaczną modlić się modlitwą ducha.

Bez modlitwy, bramy modlitwy nie zostaną otwarte. Bóg słyszy każdą modlitwę duszy, a kiedy bramy modlitwy otwierają się, będziemy mogli zjednoczyć się z Duchem Świętym, modlić się pod Jego natchnieniem i otrzymać odpowiedzi na modlitwy z przeszłości.

Wyobraźmy sobie, że jest pewien syn, który nie sprawia radości ojcu. Ponieważ syn rozczarowuje ojca swoimi czynami, nie otrzyma od swojego ojca nic, o co prosi. Jednak pewnego dnia, syn zaczyna sprawiać radość ojcu swoimi czynami i ojcu zaczęło się podobać to, co robił syn. Jak ojciec będzie traktował swojego syna? Pamiętajmy, że ich relacja zmieniła się. Ojciec będzie chciał dać swojemu synowi wszystko, o co go prosi. Syn otrzyma to, co chciał w przeszłości dostać od ojca.

Tak samo, jeśli nasza modlitwa wypływa z myśli, jeśli wytrwamy, w końcu otrzymamy moc modlitwy i będziemy modlić się w sposób, który sprawia Bogu przyjemność, a bramy modlitwy otworzą się dla nas. Otrzymamy wszystko, o co prosiliśmy Boga w przeszłości i zobaczymy, że Bóg nie ignoruje nawet najbardziej błahych z naszych próśb.

Co więcej, kiedy modlimy się w duchu w pełni Ducha Świętego, nie będziemy się męczyć, ani nie będziemy śpiący, nie będą nas wypełniać światowe myśli, ale będziemy modlić się w wierze i w radości. W taki sposób grupa ludzi może zjednoczyć się z modlitwie i miłości, ponieważ staną się jednym i będą pragnęli tego samego.

Na początku tego rozdziału czytamy: „Albowiem gdzie są dwaj lub trzej zgromadzeni w imię moje, tam jestem pośród nich" (Mat. 18,20). Kiedy ludzie zbierają się, aby się modlić w imieniu Jezusa, otrzymują Ducha Świętego, który jest istotą modlitwy grupowej. Nasz Pan z pewnością będzie z nimi. Innymi słowy, kiedy grupa ludzi, którzy otrzymali Ducha Świętego, zbiera się i modli się wspólnie, nasz Pan widzi serce każdej osoby, jednoczy je w Duchu Świętym i prowadzi je do jedności, aby ich modlitwy były radością dla Boga.

Jednakże, jeśli grupa ludzi nie może się zebrać i stać się jednością, nie może modlić się w zgodzie ani modlić się z głębi serca, nawet jeśli chcieliby się modlić o wspólny cel, ponieważ ich serca nie są zgodne. Jeśli serca ludzi nie mogą być zjednoczone, prowadzący powinien poprowadzić nabożeństwo uwielbienia i skruchy, aby serca ludzi zgromadzonych mogły stać się jednym w Duchu Świętym.

Nasz Pan będzie z ludźmi, którzy się modlą, kiedy zjednoczą się w Duchu Świętym, ponieważ zna i prowadzi serce każdego uczestnika. Jeśli ludzie nie modlą się w jedności, oczywiste jest, że Pan nie będzie z nimi.

Kiedy ludzie jednoczą się w Duchu Świętym i modlą się wspólnie, każdy z nich modli się z głębi serca, jest wypełniony Duchem Świętym, poci się i jest pewny Bożej odpowiedzi, o którą proszą wspólnie, a powiew radości dotyka ich wszystkich. Nasz Pan będzie z ludźmi, którzy modlą się w taki sposób i taka modlitwa będzie przyjemnością dla Boga.

Mam nadzieję, że jednocząc się w modlitwie wypełnieni Duchem Świętym, otrzymacie wszystko, o co prosicie w modlitwach i oddacie chwałę Bogu, spotykają się ze sobą w komórkach, grupach, domach lub kościołach.

Wielka moc wspólnej modlitwy

Jedną z zalet wspólnej modlitwy jest różnica w szybkości otrzymywania odpowiedzi od Boga i działania, które się dzięki niej manifestują. Jest wielka różnica, kiedy przez trzydzieści minut modli się jedna osoba, a kiedy modli się dziesięć osób. Jeśli ludzie wspólnie się modlą, Bóg odnajduje w tym wielką przyjemność i odpowiada na ich modlitwy. Doświadczą wielkiego działania Bożego i wielkie mocy ich modlitwy.

W Dz. Ap. 1,12-15 czytamy, że kiedy Pan zmartwychwstał i wstąpił do nieba, grupa ludzi, łącznie z uczniami łączyła się w stałej modlitwie. Było ich około 120. W gorliwej nadziei otrzymania Ducha Świętego, obiecanego przez Jezusa, ludzie zebrali się na wspólnej modlitwie i modlili się aż do Pięćdziesiątnicy.

A gdy nadszedł dzień Zielonych Świąt, byli wszyscy razem na jednym miejscu. I powstał nagle z nieba szum, jakby wiejącego gwałtownego wiatru, i napełnił cały dom, gdzie siedzieli. I ukazały się im języki jakby z ognia, które się rozdzieliły i usiadły na każdym z nich. I napełnieni zostali wszyscy Duchem Świętym, i zaczęli mówić innymi językami, tak jak im Duch poddawał (Dz. Ap. 2,1-4).

Jakże cudowne są dzieła Boże? Kiedy wspólnie się modlili, każdy z nich otrzymał Ducha Świętego i zaczął mówić językami. Apostołowie otrzymali wielką moc od Boga, więc ludzi, którzy przyjęli Jezusa Chrystusa dzięki kazaniu Piotra i zostali ochrzczeni, było tysiące (Dz. Ap. 2,41). Ponieważ działy się wielkie znaki i cuda, liczba wierzących rosła z dnia na dzień, a życie wielu ludzi zmieniało się (Dz. Ap. 2,43-47).

A widząc odwagę Piotra i Jana i wiedząc, że to ludzie nieuczeni i prości, dziwili się; poznali ich też, że byli z Jezusem; patrząc zaś na człowieka uzdrowionego, który stał z nimi, nie wiedzieli co odpowiedzieć (Dz. Ap. 4,13-14).

A przez ręce apostołów działo się wśród ludu wiele znaków i cudów. I zgromadzali się wszyscy jednomyślnie w przysionku Salomonowym, z postronnych jednak nikt nie ośmielał się do nich przyłączać; ale lud miał ich w wielkim poważaniu. Przybywało też coraz więcej wierzących w Pana, mnóstwo mężczyzn i kobiet, tak iż nawet na ulice wynoszono chorych i kładziono na noszach i łożach, aby przynajmniej cień przechodzącego Piotra mógł paść na którego z nich. Również z okolicznych miast Jerozolimy schodziło się wielu przynosząc chorych i dręczonych przez duchy nieczyste i wszyscy oni zostali uzdrowieni (Dz. Ap. 5,12-16).

Była to moc wspólnej modlitwy, która umożliwiła apostołom tak odważnie głosić Słowo, uzdrawiać ślepuch, chromych i słabych, wzbudzać z martwych, uzdrawiać choroby i wypędzać demony.

Piotr opowiada o tych wydarzeniach, kiedy został uwięziony przez Heroda (Agryppa I), który znany był z tego, że prześladował Chrześcijan. W Dz. Ap. 12,5 czytamy: „Strzeżono tedy Piotra w więzieniu; zbór zaś modlił się nieustannie za niego do Boga". Kiedy Piotr spał, przypięty łańcuchami, zbór modlił się za niego. Bóg wysłuchał modlitwy zboru i wysłał anioła, by uratował Piotra.

Poprzedniego wieczoru Herod zdecydował, że Piotr stanie przed sądem, dlatego apostoł został związany dwoma łańcuchami, a żołnierze pilnowali wejścia do celi (Dz. Ap. 12,6). Jednak Bóg okazał swoją moc, rozpiął łańcuchy i otworzył ciężką bramę więzienia (Dz. Ap. 12,7-10). Po przybyciu do domu Marii, matki Jana, zwanego również Markiem, Piotr zobaczył, jak wielu ludzi zebrało się, by modlić się za niego (Dz. Ap. 12,12). Ten cud był wynikiem mocy wspólnej modlitwy zboru.

Zbór po prostu wspólnie się modlił za uwięzionym Piotrem. Podobnie, kiedy kłopoty dotykają kościoła lub choroby dotykają wierzących, zamiast zamartwiać się i szukać ludzkich sposobów, dzieci Boże powinny uwierzyć, że On rozwiąże wszystkie problemy i gromadzić się na wspólnych modlitwach.

Bogu podobają się wspólne modlitwy kościoła, jest nimi zainteresowany i odpowiada, czyniąc wielkie cuda. Czy możecie sobie wyobrazić, jak bardzo cieszy się Bóg, widząc Jego dzieci zebrane na wspólnej modlitwie za Jego królestwo i sprawiedliwość?

Kiedy ludzie zostają wypełnieni Duchem Świętym i modlą się

z głębi ducha, zbierają się i modlą się wspólnie, doświadczają wielkie mocy Bożej. Otrzymają moc, by żyć zgodnie ze Słowem Bożym, będą świadkami żywego Boga tak jak kościoły wczesnochrześcijańskie i apostołowie, powiększając Bożej królestwo i otrzymując odpowiedzi na swoje modlitwy.

Proszę pamiętajcie, że nasz Bóg obiecał nam, że odpowie na nasze prośby i modlitwy, które zanosimy do Niego wspólnie. Niech każdy z was zrozumie znaczenie wspólnych modlitw i gorliwie pragnie spotykać się na modlitwie z innymi w imieniu Jezusa Chrystusa tak, byście doświadczyli wielkiej mocy wspólnej modlitwy, otrzymali moc modlitwy i stali się pracownikami, świadczącymi o żywym Bogu w imieniu naszego Pana Jezusa!

Rozdział 7

Stale się módlcie i nie poddawajcie się

Powiedział im też podobieństwo o tym, że powinni zawsze się
modlić i nie ustawać, mówiąc:
Był w jednym mieście pewien sędzia,
który Boga się nie bał, a z człowiekiem się nie liczył.
Była też w owym mieście pewna wdowa,
która go nachodziła i mówiła:
Weź mię w obronę przed moim przeciwnikiem.
I przez długi czas nie chciał.
Potem zaś powiedział sobie: Chociaż i Boga się
nie boję ani z człowiekiem się nie liczę,
jednak ponieważ naprzykrza mi
się ta wdowa, wezmę ją w obronę,
by w końcu nie przyszła i nie uderzyła
mnie w twarz. I rzekł Pan:
Słuchajcie, co ten niesprawiedliwy sędzia powiada!
A czyżby Bóg nie wziął w obronę swoich wybranych, którzy
wołają do niego we dnie i w nocy, chociaż zwleka w ich sprawie?

(Łuk. 18,1-8)

1. Przypowieść o wytrwałej wdowie

Kiedy Jezus nauczał tłumów Bożego Słowa, mówił do nich w przypowieściach (Mar. 4,33-34). Przypowieść o wytrwałej wdowie, na której oparty jest ten rozdział pokazuje nam, jak niezwykle ważna jest wytrwałość w modlitwie, jak powinniśmy się modlić i dlaczego nie możemy się poddawać.

Jak wytrwale modlicie się, by otrzymać Bożą odpowiedź? Czy robicie sobie przerwy lub poddajecie się, ponieważ Bóg jeszcze nie odpowiedział?

W życiu jest wiele problemów i trudności – dużych i małych. Kiedy głosimy ewangelię ludziom i mówimy im o żywym Bogu, niektórzy zaczynają chodzić do kościoła po to, aby ich problemy zostały rozwiązane, inni natomiast przychodzą, by znaleźć ukojenie dla swojego serca.

Bez względu na powód, dla którego ludzie zaczynają przychodzić do kościoła, kiedy oddają chwałę Bogu i przyjmują Jezusa Chrystusa, uczą się, że jako dzieci Boże, mogą otrzymać wszystko, o co poproszą i mogą zostać przemienieni w ludzi modlitwy.

Dlatego, wszystkie dzieci Boże muszą dzięki Słowu Bożemu nauczyć się, jaki rodzaj modlitwy sprawia Bogu przyjemność, modlić się we właściwy sposób i posiąść wiarę, by wytrwać i modlić się tak długo aż otrzymamy Bożą odpowiedź. Dlatego ludzie wierzący są świadomi znaczenia modlitwy i modlą się nieustannie. Nie popełniają grzechu w postaci zaniedbywania modlitwy nawet jeśli nie otrzymują odpowiedzi od razu. Zamiast się poddawać, modlą się jeszcze gorliwiej.

Tylko dzięki takiej wierze ludzie mogą otrzymać odpowiedzi na modlitwy i oddać chwałę Bogu. Jednak mimo, iż wielu ludzi wyznaję, że wierzy, trudno znaleźć osoby, które mają tak wielką wiarę. Dlatego Pan Jezus wypowiedział słowa: „Tylko czy Syn Człowieczy znajdzie wiarę na ziemi, gdy przyjdzie?".

W pewnym mieście był niemoralny sędzia, do którego wdowa przychodziła i prosiła: „Daj mi ochronę prawną przed moim przeciwnikiem". Ten skorumpowany sędzia oczywiście oczekiwał łapówki, jednak biedna wdowa nie mogła sobie pozwolić nawet na najdrobniejsze okazanie wdzięczności. Mimo to ciągle przychodziła do sędziego i błagała go, lecz on stale odmawiał jej prośbie. Pewnego dnia, zmienił zdanie. Wiecie dlaczego? Przeczytajcie, co powiedział sam do siebie:

> *"Chociaż i Boga się nie boję ani z człowiekiem się nie liczę, jednak ponieważ naprzykrza mi się ta wdowa, wezmę ją w obronę, by w końcu nie przyszła i nie uderzyła mnie w twarz"* (Łuk. 18,4-5)

Ponieważ wdowa nie poddała się i stale przychodziła ze swoją prośbą do sędziego, nawet w swoim okrucieństwie nie był on w stanie odrzucać próśb wdowy, która stale go nachodziła.

Na koniec tej historii Jezus pokazał nam klucz do tego, by otrzymać Bożą odpowiedź: „Słuchajcie, co ten niesprawiedliwy sędzia powiada! A czyżby Bóg nie wziął w obronę swoich wybranych, którzy wołają do niego we dnie i w nocy, chociaż zwleka w ich sprawie? Powiadam wam, że szybko weźmie ich w obronę".

Jeśli niemoralny sędzia wysłuchał prośby wdowy, dlaczego sprawiedliwy Bóg nie miałby odpowiedzieć, kiedy Jego dzieci wołają do Niego? Jeśli pragną otrzymać odpowiedź w konkretnej sprawie, poszczą, nie śpią w nocy i zmagają się w modlitwie, jakże Bóg mógłby im nie odpowiedzieć? Jestem pewny, że wielu z was zna przykłady ludzi, którzy otrzymali odpowiedzi od Boga na swoje modlitwy.

W Ps. 50,15 Bóg mówi: „I wzywaj mnie w dniu niedoli, Wybawię cię, a ty mnie uwielbisz!". Innymi słowy, Bóg chce, abyśmy oddawali Mu cześć za wysłuchane modlitwy. Jezus przypomina nam w Ew. Mat. 7,11: „Jeśli tedy wy, będąc złymi, potraficie dawać dobre dary dzieciom swoim, o ileż więcej Ojciec wasz, który jest w niebie, da dobre rzeczy tym, którzy go proszą".

Jakże Bóg, który oddał za nas swojego jedynego Syna, mógł nie odpowiedzieć na modlitwy swoich ukochanych dzieci? Bóg pragnie szybko dać odpowiedź swoim dzieciom, które Go kochają.

Jednak, dlaczego niektórzy ludzie mówią, że nie otrzymują odpowiedzi na swoje modlitwy, mimo że się modlą? Boże Słowo mówi nam wyraźnie w Mat. 7,7-8: „Proście, a będzie wam dane, szukajcie, a znajdziecie; kołaczcie, a otworzą wam. Każdy bowiem, kto prosi, otrzymuje, a kto szuka, znajduje, a kto kołacze, temu otworzą". Dlatego niemożliwe jest, aby nasze modlitwy pozostały bez odpowiedzi. Jednakże Bóg nie może odpowiedzieć na nasze modlitwy, jeśli oddziela nas od Niego mur grzechu, ponieważ nie modlimy się wystarczająco lub być może nie nadszedł jeszcze odpowiedni czas na odpowiedź.

Mamy modlić się zawsze i nigdy się nie poddawać, ponieważ kiedy jesteśmy wytrwali i modlimy się z wiarą, Duch Święty burzy ścianę grzechu, która oddziela nam od Boga i otwiera drogę, by Bóg mógł odpowiedzieć na nasze modlitwy dzięki naszej skrusze. Jeśli będziemy modlić się wystarczająco, Bóg z pewnością udzieli nam odpowiedzi.

W Ew. Łuk. 11,5-8 Jezus naucza nas o wytrwałości i natarczywości:

I rzekł do nich: Któż z was, mając przyjaciela, pójdzie do niego o północy i powie mu: Przyjacielu, pożycz mi trzy chleby, albowiem przyjaciel mój przybył do mnie, będąc w podróży, a nie mam mu co podać. A tamten z mieszkania odpowie mu: Nie naprzykrzaj mi się, drzwi już są zamknięte, dzieci moje są ze mną w łóżku, nie mogę wstać i dać ci. Powiadam wam, jeżeli nawet nie dlatego wstanie i da mu, że jest jego przyjacielem, to dla natręctwa jego wstanie i da mu, ile potrzebuje.

Jezus uczy nas, że Bóg nie odmawia, lecz odpowiada na natarczywość swoich dzieci. Kiedy modlimy się do Boga, musimy modlić się odważnie i z wytrwałością. Nie chodzi o to, by czegoś żądać, ale o to, by modlić się i prosić z pewnością w wierze. Biblia często wspomina wielu praojców wiary, którzy otrzymali odpowiedzi na takie modlitwy.

Kiedy Jakub zmagał się z aniołem nad Potokiem Jabbok aż do świtu, gorliwie modlił się i błagał o błogosławieństwo, mówiąc: „Nie puszczę cię, dopóki mi nie pobłogosławisz" (Ks. Rodz. 32,26) i Bóg pobłogosławił Jakuba. Od tej pory, Jakub nazywał się Izrael i stał się praojcem Izraelitów.

W Ew. Mat. 15 czytamy o kobiecie kananejskiej, której córka

cierpiała, ponieważ była opętana przez demona. Kobieta przyszła do Jezusa i prosiła Go: „Zmiłuj się nade mną, Panie, Synu Dawida! Córka moja jest okrutnie dręczona przez demona". Jednak Jezus nie powiedział na to ani słowa (Mat. 15,22-23). Kiedy przyszła do Niego ponownie, padła na kolana i błagała Go o pomoc, na co Jezus powiedział: „Jestem posłany tylko do owiec zaginionych z domu Izraela" i odrzucił prośbę kobiety (Mat. 15,25-26). Kiedy kobieta podeszła do Niego kolejny raz, powiedziała: „Tak, Panie, ale i szczenięta jedzą okruchy, które spadają ze stołu panów ich", na co Jezus odrzekł: „Niewiasto, wielka jest wiara twoja; niechaj ci się stanie, jak chcesz" (Mat. 15,27-28).

Podobnie my powinniśmy brać przykład z praojców wiary zgodnie ze Słowem Bożym i zawsze się modlić. Powinniśmy modlić się w wierze, w poczuciu pewności, z gorliwością w sercu. Dzięki wierze w naszego Boga, która pozwala zbierać plon w odpowiednim czasie, musimy stać się naśladowcami Chrystusa w naszym życiu modlitewnym i nigdy się nie poddawać.

2. Dlaczego powinniśmy zawsze się modlić?

Tak, jak człowiek nie może żyć bez oddychania, dzieci Boże, które otrzymały Ducha Świętego, nie mogą otrzymać życia wiecznego bez modlitwy. Modlitwa jest dialogiem z żywym Bogiem i oddechem naszego ducha. Jeśli dzieci Boże, które otrzymały Ducha Świętego nie komunikują się z Bogiem, zgaszą ogień Ducha Świętego i nie będą kroczyć w światłości, ale raczej zejdą na ścieżkę śmierci, i nie będą mogły skorzystać ze zbawienia.

Ponieważ modlitwa to metoda komunikacji z Bogiem, dzięki niej możemy otrzymać zbawienie, słuchając głosu Ducha Świętego i ucząc się żyć zgodnie z wolą Boga. Nawet jeśli pojawią się trudności, Bóg pomoże nam ich uniknąć. Będzie działał dla naszego dobra we wszystkim. Dzięki modlitwie doświadczamy mocy wszechmocnego Boga, który wzmacnia nas, dając zwycięstwo nad szatanem, co przynosi Mu chwałę, a naszą wiarę wzmacnia, czyniąc to, co niemożliwe – możliwym.

Dlatego, Biblia nakazuje nam modlić się nieustannie (1 Tes. 5,17) i jest to wolą Bożą (1 Tes. 5,18). Jezus dał nam wspaniały przykład modlitwy, modląc się nieustannie do Boga Ojca bez względu na czas i miejsce. Modlił się na pustyni, na górze i w wielu innych miejscach. Modlił się o świcie i modlił się nocą.

Modląc się nieustannie, nasi praojcowie wiary żyli zgodnie z wolą Bożą. Prorok Samuel mówi nam: „Również i ja daleki jestem od tego, aby zgrzeszyć przeciwko Panu przez zaniechanie modlitwy za wami. Owszem, uczyć was będę drogi dobrej i prawej" (1 Sam. 12,23). Modlitwa jest wolą Bożą i Jego przykazaniem. Samuel mówi nam, że zaniechanie modlitwy jest grzechem. Jeśli się nie modlimy lub robimy sobie przerwę w życiu modlitewnym, przenikną nas światowe myśli i nie będziemy umieli żyć zgodnie z wolą Bożą, a kiedy pojawią się problemy, będziemy pozbawieni Bożej ochrony. Dlatego, kiedy ludzie popadają w pokusę, narzekają na Boga i schodzą z Jego drogi.

Dlatego w 1 Piotra 5,8-9 Piotr przypomina nam: „Bądźcie trzeźwi, czuwajcie! Przeciwnik wasz, diabeł, chodzi wokoło jak lew ryczący, szukając kogo by pochłonąć. Przeciwstawcie mu się, mocni w wierze, wiedząc, że te same cierpienia są udziałem braci waszych w świecie" i zachęca nas, byśmy nieustannie się modlili. Módlmy się nie tylko wtedy, kiedy dotykają nas problemy, lecz zawsze, abyśmy mogli być błogosławionymi dziećmi Boga, którym powodzi się w życiu.

3. Zbierzemy plony w odpowiednim czasie

W Gal. 6,9 czytamy: "A czynić dobrze nie ustawajmy, albowiem we właściwym czasie żąć będziemy bez znużenia". Tak samo jest w modlitwą. Kiedy modlimy się nieustannie zgodnie z wolą Bożą, nie poddając się, nadejdzie odpowiedni czas i wtedy zbierzemy plony.

Gdyby rolnik robił się niecierpliwy niedługo po wysianiu ziaren i zaczął wykopywać ziarna z ziemi, lub jeśli nie dbałby o kiełki, a jedynie czekał, czy zebrałby jakiekolwiek plony? Oddanie i wytrwałość są konieczne, by otrzymać odpowiedź na modlitwę.

Co więcej, czas zbioru różni się w zależności od rodzaju ziarna. Niektóre ziarna wydają owoc po kilku miesiącach, inne potrzebują lat. Warzywa i ziarna są łatwiejsza do zbioru niż jabłka lub zioła takie jak żeń-szeń. W przypadku cenniejszy i droższych zbiorów, zazwyczaj konieczny jest dłuższy czas oczekiwania i większe poświęcenie.

Musimy uświadomić sobie, że w przypadku większych i poważniejszych problemów, Bóg oczekuje od nas gorliwszych modlitw. Kiedy prorok Daniel miał wizję na temat przyszłości Izraela, był w żałobie przez trzy tygodnie i modlił się. Bóg usłyszał jego modlitwę pierwszego dnia i posłał anioła, by upewnić się, że prorok jest tego świadomy (Dan. 10,12). Jednak ponieważ anioł musiał stoczyć walkę z księciem ciemności, anioł dotarł do Dawida dopiero w ostatnim dniu i dopiero wtedy Daniel wiedział na pewno, że Bóg go usłyszał (Dan. 10,13-14).

Co by się stało, gdyby Daniel poddał się i przestał się modlić?

Mimo, że był rozgoryczony i zestresowany z powodu wizji, Daniel nie ustawał w modlitwie aż otrzymał Bożą odpowiedź.

Jeśli jesteśmy wytrwali w wierze i modlimy się, otrzymamy Bożą odpowiedź. Bóg da nam pomoc i poprowadzi nas w kierunku odpowiedzi. Dlatego anioł, który przyniósł Danielowi Bożą odpowiedź, rzekł: „Lecz książę anielski królestwa perskiego sprzeciwiał mi się przez dwadzieścia jeden dni, lecz oto Michał, jeden z pierwszych książąt anielskich, przyszedł mi na pomoc, dlatego ja zostawiłem go tam przy księciu anielskim królestwa perskiego, i przyszedłem, aby ci objawić, co ma przyjść na twój lud w dniach ostatecznych, bo widzenie znów dotyczy dni przyszłych" (Dan. 10, 13-14).

O co się modlicie? Czy wasza modlitwa dociera do tronu Bożego? Aby zrozumieć wizję Boga, Daniel zdecydował się uniżyć samego siebie, nie spożywać żadnych smakowitych pokarmów, mięsa ani wina, ani nie używał żadnej maści aż do momentu, kiedy upłynął czas trzech tygodni (Dan. 10,3). Daniel poświęcił się modlitwie przez te trzy tygodnie, choć Bóg usłyszał Jego modlitwę już w pierwszy dzień i odpowiedział mu.

Zwróćmy uwagę na to, że kiedy Bóg wysłuchał modlitwę Daniela i odpowiedział prorokowi już pierwszego dnia, potrzeba było trzech tygodni, by Boża odpowiedź dotarła do proroka. Wielu ludzi, stawiając czoła poważnym problemom, modlą się przez jeden lub dwa dni, a potem szybko się poddają. Świadczy to o ich słabej wierze.

To, czego najbardziej potrzebujemy dzisiaj to serce, które wierzy jedynie naszemu Bogu, który odpowiada na nasze modlitwy, potrzebujemy wytrwałości i modlitwy, bez względu na to, kiedy Bóg odpowie. Jak możemy oczekiwać, że Bóg odpowie na nasze modlitwy jeśli nie okażemy wytrwałości?

Bóg daje nam deszcz w odpowiednim czasie, deszcz jesienny i deszcz wiosenny. Bóg ustala czas zbiorów (Jer. 5,24). Dlatego Jezus mówi nam: „Dlatego powiadam wam: Wszystko, o cokolwiek byście się modlili i prosili, tylko wierzcie, że otrzymacie, a spełni się wam" (Mar. 11,24). Ponieważ Daniel wierzył w Boga, który odpowiada na modlitwy, wytrwał i nie przestał się modlić aż do chwili, kiedy otrzymał Bożą odpowiedź.

Biblia mówi nam: „A wiara jest pewnością tego, czego się spodziewamy, przeświadczeniem o tym, czego nie widzimy" (Hebr. 11,1). Jeśli ktoś poddał się i przestał się modlić, ponieważ nie otrzymał Bożej odpowiedzi, nie może twierdzić, że ma wiarę lub spodziewać się, że otrzyma odpowiedź. Jeśli miałby prawdziwą wiarę, nie skupiałby się na okolicznościach, lecz modlił się nieustannie, ponieważ wierzyłby, że Bóg, który pozwala nam zbierać plon tego, co zasialiśmy i odpłaca nam za to, czego dokonaliśmy, z pewnością mu odpowie.

Jak napisano w Efez. 5,7-8: „Nie bądźcie tedy wspólnikami ich. Byliście bowiem niegdyś ciemnością, a teraz jesteście światłością w Panu. Postępujcie jako dzieci światłości", oby każdy z nas posiadł prawdziwą wiarę, wytrwał w modlitwie do wszechmocnego Boga i otrzymał wszystko, o co prosi w modlitwie oraz prowadził życie pełne Bożych błogosławieństw w imieniu Pana Jezusa Chrystusa!

O autorze:
Dr. Jaerock Lee

Dr Jaerock Lee urodził się w 1943 roku w Korei, w prowincji Jeonnam w mieście Muan. W wieku dwudziestu lat dowiedział się, że jest nieuleczalnie chory i odtąd przez siedem lat oczekiwał śmierci bez żadnej nadziei na wyzdrowienie. Jednak wiosną 1974 roku siostra zaprowadziła go do kościoła. Kiedy ukląkł do modlitwy, Bóg uzdrowił go ze wszystkich dolegliwości.

Od momentu spotkania z Bogiem dr Lee pokochał Go ze szczerego serca, aby w 1978 roku stać się Jego sługą. Posłuszny Słowu Bożemu modlił się żarliwie, aby zrozumieć i móc spełniać wolę Boga. W 1982 roku w założonym przez niego kościele Manmin w Seulu w Południowej Korei miały miejsce niezliczone dzieła Boże, w tym uzdrowienia i cuda.

W 1986 roku podczas dorocznego zgromadzenia Kościoła „Jesus' Sungkyul Church" dr Lee został wyświęcony na pastora. Cztery lata później w 1990 roku stacje Far East Broadcasting Company, Asia Broadcast Station oraz Washington Christian Radio System transmitowały jego kazania do Australii, Stanów Zjednoczonych, Rosji oraz na Filipiny.

Trzy lata później w 1993 roku amerykański magazyn Christian World zaliczył kościół Manmin Central Church do światowej czołówki 50 najlepszych kościołów na świecie, natomiast pastor Jaerock Lee otrzymał od amerykańskiej uczelni na Florydzie Christian Faith College tytuł honoris causa teologii (Honorary Doctorate of Divinity) oraz w 1996 roku doktorat z kapłaństwa od seminarium duchownego Kingsway Theological Seminary, Iowa, USA.

Od 1993 dr Lee głosi ewangelię podczas podróży misyjnych w wielu miejscach i krajach: Tanzanii, Argentynie, Los Angeles, Baltimore, Hawaje, Nowy Jork, Uganda, Japonia, Pakistan, Kenia, Filipiny, Honduras, Indie, Rosja, Niemcy, Peru, Kongo, Izrael i Estonia.

W 2002 roku został wybrany przez chrześcijańską gazetę w Korei jako światowy głosiciel odnowy religijnej ze względu na potężne misje, które organizuje. Szczególną uwagę zwróciła jego misja przeprowadzona w Nowym

Jorku w 2006 na Madison Square Garden, najsłynniejszej arenie na świecie. Wydarzenie było transmitowane do 220 krajów, oraz Misja w Izraelu w 2009 roku, która odbyła się w International Convention center (ICC) w Jerozolimie, podczas której odważnie ogłosił, że Jezus Chrystus jest Mesjaszem i Zbawicielem.

Jego kazania są transmitowane do 176 nacji przy uzyciu satelity, łącznie z GCN TV. Został uznany za jednego z „10 najbardziej wpływowych przywódców chrzećsijańskich" 2009 i 2010 roku przez popularny rosyjski magazyn chrześcijański „W zwycięstwie" i agencję prasową Christian Telegraph za służbę telewizyjną i międzynarodową służbę pastorską.

Od maja 2013 Kościół Centralny Manmin zgromadza ponad 120 000 członków. Ma 10 000 kościołów na całym świecie – 56 kościołów lokalnych, oraz 129 misji w 23 krajach, łączni z USA, Rosją, Niemcami, Kanadą, Japonią, Chinami, Francją, Indiami, Kenią i wieloma innymi.

Na ten moment, dr Lee napisał 85 książek, łącznie z bestsellerami „Tasting Eternal Life before Death" „Moje życie, Moja Wiara" I i II, „Poselstwo krzyża", „Miara wiary"", „Niebo" I i II, „Piekło", „Obudź się Izraelu!" oraz „Moc Boża". Jego prace zostały przetłumaczone na 75 języków.

Jego artykuły chrześcijańskie publikowane są w The Hankook Ilbo, The JoongAng Daily, The Chosun Ilbo, The Dong-A Ilbo, The Munhwa Ilbo, The Seoul Shinmun, The Kyunghyang Shinmun, The Korea Economic Daily, The Korea Herald, The Shisa News, oraz The Christian Press.

Dr Lee jest obecnie przywódcą wielu organizacji misyjnych i stowarzyszeń: przewodniczącym kościoła United Holiness Church of Jesus Christ, prezesem misji Manmin World Mission, prezesem stowarzyszenia World Christianity Revival Mission Association, założycielem i prezesem zarządu Global Christian Network (GCN), założycielem i prezesem zarządu World Christian Doctors Network (WCDN), założycielem i prezesem zarządu seminarium Manmin International Seminary (MIS).

Inne książki autora

Niebo I & II

Szczegółowy opis wspaniałego życia, które jest udziałem mieszkańców nieba, cieszących się pięknem królestwa niebieskiego.

Przesłanie Krzyża

Potężne przesłanie pobudzające do myślenia dla ludzi, którzy są w duchowym śnie! W niniejszej książce znajdziesz powód, dla którego tylko Jezus jest Zbawicielem oraz odczujesz prawdziwą miłość Bożą.

Piekło

Przesłanie dla człowieka od Boga, który pragnie wyratować każdą duszę z głębi piekła! W tej książce odkryjesz nigdy wcześniej nie opisywaną okrutną rzeczywistość piekła.

Duch, Dusza i Ciało I & II

Przewodnik, który daje duchowe zrozumienie ducha, duszy i ciała oraz pomaga dowiedzieć się więcej o naszym „ja", abyśmy zyskali dość siły, by pokonać ciemność i stać się ludźmi ducha.

Miara Wiary

Jakie schronienie, korona i nagrody czekają na Ciebie w niebie? Niniejsza książka da Ci możliwość, abyś z mądrością i wskazówkami Bożymi sprawdził swoją wiarę, aby następnie zbudować wiarę lepszą i dojrzalszą.

Wzbudzony Izrael

Dlaczego Bóg trzyma pieczę nad Izraelem od początku świata aż do dnia dzisiejszego? Jakie przeznaczenie jest przygotowane dla Izraela w ostatnich dniach oczekiwania na Mesjasza?

Moje Życie, Moja Wiara I & II

Niezwykły aromat życia duchowego wydobyty dzięki osobie, której życie rozkwitło w otoczeniu nieograniczonej miłości do Boga, pomimo ciążącego jarzma, ciemności i rozpaczy.

Moc Boża

Książka, którą musisz przeczytać, ponieważ dostarcza istotnych wskazówek, dzięki którym można posiąść prawdziwą wiarę oraz doświadczyć niesamowitej mocy Boga.

---

www.urimbooks.com

www.ingramcontent.com/pod-product-compliance
Lightning Source LLC
LaVergne TN
LVHW061037070526
838201LV00073B/5077